12 DIMENSIONEN GEISTLICHER Autorität

DR. RICHARD HEARD

12 DIMENSIONEN GEISTLICHER Autorität

Dr. Richard Heard

Copyright © Dr. R. Richard Heard

Titel der englischen Originalausgabe: Elevate your Life by Exercising Authority Over Twelve Spiritual Dimensions

Erste Veröffentlichung in den Vereinigten Staaten von Amerika

© 2016 der deutschen Übersetzung bei HIS Ministries
www.his-ministries.de

Alle Rechte vorbehalten, auch für auszugsweise Wiedergabe oder Fotokopie

Übersetzung: Ise Sirovina
Endkorrektur: Barbara Doering
Umschlaggestaltung & Satz: Hrvoje Sirovina
Erste Auflage 2016

ISBN 978-3-9817603-2-3

Bibelzitate sind entnommen aus:

Elberfelder Bibel © 2003 SCM R.Brockhaus im SCM Verlag GmbH & Co. KG, Witten (ELB 03)
Elberfelder Bibel © 1985 SCM R.Brockhaus im SCM Verlag GmbH & Co. KG, Witten (ELB 85)
Schlachter 2000 © 2000 Genfer Bibelgesellschaft, CH – 1032 Romanel-sur-Lausanne (SCH)

Danksagung

Wo soll ich nur anfangen, den wunderbaren Menschen zu danken, die mir geholfen haben, dieses Buch zu veröffentlichen ...

Meiner Frau Geri möchte ich zuallererst danken: Sie hat sich während der vielen Jahre im geistlichen Dienst nie darüber beschwert, wieviel Zeit es in Anspruch genommen hat, dass ich sowohl als Pastor tätig bin als auch als geistlicher Vater für so viele andere Dienste fungiere.

Und dann ist da auf jeden Fall auch die lokale Gemeindefamilie, die so hingegeben und bereitwillig mit uns zusammen dem Traum nachjagt, ein apostolisches Haus zu bauen.

Marcella Willhoite muss ich auf jeden Fall persönlich erwähnen: Sie hat meine Arbeit so treu aufbereitet und dafür gesorgt, dass jedes meiner Bücher auch tatsächlich fertiggestellt wird. Auch ihrer Assistentin Sherena Ward möchte ich an dieser Stelle für ihre vielen Beiträge danken.

Und schließlich möchte ich es auch nicht versäumen, den vielen wunderbaren Menschen aus dem Volk Gottes zu danken, insbesondere meiner Großmutter oder „Nanny", wie wir sie stolz nannten, die mir so viel von Gottes Wegen beigebracht hat.

Vorwort

Das christliche Leben ist voller Abenteuer. Doch du beginnst dein größtes Abenteuer, wenn du das Kreisen um dein „Ich" loslässt, um einer höheren Leidenschaft nachzujagen. Und zwar in die Richtung, in die der Gott des Universums dich leitet.

Gott möchte dein Leben erheben. Es gibt noch viele weitere Schriftstellen in der Bibel, die diese Theorie bestätigen, aber ich habe als Basis für diese Lehre folgende Verse ausgewählt:

Gott aber, der reich ist an Erbarmen, hat um seiner großen Liebe willen, mit der er uns geliebt hat, auch uns, die wir tot waren durch die Übertretungen, mit dem Christus lebendig gemacht - aus Gnade seid ihr errettet - und hat uns mitauferweckt und mitversetzt in die himmlischen Regionen in Christus Jesus, damit er in den kommenden Weltzeiten den überschwänglichen Reichtum seiner Gnade in Güte an uns erweise in Christus Jesus.

(Epheser 2,4-7 SCH)

(In der englischen Übersetzung der New International Version wird dieser Satz mit „and God raised us up with Christ" übersetzt. Das bedeutet mitauferweckt, aber ebenso mithochgehoben, miterhoben, miterhöht. Anmerkung des Übersetzers.)

Wenn wir mit Gott verbunden sind, ist es ein natürlicher Prozess im Leben, erhoben zu werden. Ich kenne keine einzige Person, die sich mit Gott verbunden hat und sich dann später darüber beschwert hat, dass alles schlechter geworden ist als vorher. Denn so läuft es einfach nicht.

Je nach Hintergrund kann es sein, dass eine Erhebung in deinem Leben eine gewisse unangenehme Anpassung und Optimierung deiner Traditionen und Glaubenseinstellung benötigt. Bestimmte Teile dieses Buches werden möglicherweise das, was du bisher in der Gemeinde gelernt hast, infrage stellen. Doch ich möchte dich bitten, dass du alles, was ich zu sagen habe, im Gebet bewegst und durchdenkst und nichts einfach so außer Acht lässt.

Egal wie dein Hintergrund aussieht, um diese Erhebung in deinem Leben zu erleben, bedarf es praktischer Umsetzung. Diese geistliche Erhebung geschieht tatsächlich nur dann, wenn du nacheinander die unterschiedlichen geistlichen Dimensionen durchbrichst. In zwei Dritteln dieses Buches geht es darum zu lernen, wie man in geistlichen Dimensionen Kraft und Autorität ausübt.

Als er aber die Zwölf zusammengerufen hatte, gab er ihnen Kraft und Vollmacht über alle Dämonen und zur Heilung von Krankheiten. Und er sandte sie, das Reich Gottes zu predigen und die Kranken gesund zu machen.
(Lukas 9,1-2 ELB 85)

Gott „*gab ihnen Kraft und Vollmacht*" über geistliche Dimensionen. Jedes Wort dieses Satzes ist wichtig:

- „gab" bedeutet, man kann es sich nicht verdienen
- „ihnen" bedeutet, du und ich sind auch gemeint
- „Kraft und Vollmacht" bedeutet, dass sowohl Kraft als auch Vollmacht benötigt, um die Erhebung in deinem Leben zu erreichen, die Gott geplant hat.

Dieses Buch besteht aus zwei Teilen: einem „Benutzerhandbuch" für deine Reise in neue Höhen und ein tief gehendes Studium über die zwölf geistlichen Dimensionen, die überwunden werden müssen, um eine beständige Erhöhung zu erleben. Es handelt sich hierbei nicht um eine abgeschlossene Liste, sondern um die zwölf Dimensionen, die Gott mir offenbarte, als ich mich darauf vorbereitete, über dieses Thema zu lehren.

Bevor wir anfangen, noch ein letztes Wort: Der Feind wird sich unermüdlich der Erhebung, die Gott für dich geplant hat, widersetzen. Erwarte, dass dir Widerstand begegnet, wenn du anfängst in neue Dimensionen vorzudringen. Denke daran: Der Teufel ist ein besiegter Feind, dessen hauptsächliche Waffe die Täuschung ist. Die Wahrheit schlägt ihn in die Flucht. Gottes Wort ist deine Waffe. Wenn der Feind eine Straßenblockade aufbaut, benütze eine Waffe aus deinem Arsenal und sprenge sie dann mit geistlicher Wahrheit weg. Es funktioniert immer.

Lauf gleich heute los: Wir treffen uns dann am Gipfel!

Inhaltsverzeichnis

EINLEITUNG	I
1 - ERGREIFE DEINE GANGSCHALTUNG	1
2 - DU KANNST VOM HIER ZUM DORT KOMMEN	11
3 - SEILE UND LEITERN	21
4 - WARNUNG: RUTSCHIGES GEFÄLLE LIEGT VOR DIR	33
5 - FÜR MEHR GESCHAFFEN!	41
6 - SCHLÜSSEL IM KÖNIGREICH: GEWINNE AUTORITÄT ÜBER GEISTLICHE DIMENSIONEN	49
7 - AUTORITÄT ÜBER DICH SELBST	51
8 - AUTORITÄT IN DER FAMILIE	61
9 - AUTORITÄT IN SÄKULAREN ANGELEGENHEITEN	73
10 - AUTORITÄT IM GEISTLICHEN DIENST	79
11 - AUTORITÄT ÜBER DÄMONISCHE SYSTEME	91
12 - AUTORITÄT ÜBER RESSOURCEN	103
13 - AUTORITÄT ÜBER ZEITEN	115
14 - AUTORITÄT ÜBER REGIONEN	127

15 - AUTORITÄT FÜR HEILUNG	**139**
16 - AUTORITÄT ÜBER HÖHERE DIMENSIONEN	**149**
17 - AUTORITÄT MIT GOTT ÜBER DIE NATUR	**159**
18 - AUTORITÄT, DEINE WELT MIT GOTTES PLAN AUSZURICHTEN	**167**

Einleitung

Verabschiede dich vom Basislager

Am 18. Mai 1923 veröffentlichte die New York Times eine Geschichte mit einem aus dem Kontext genommenen Satz, der dann zu einer berühmten Entgegnung einer uralten Frage führte. Bergsteiger George Leigh Mallory beantwortete darin die Frage: „Warum besteigst du diesen Berg?" mit einem scheinbar leichtfertigen: „Weil er da ist." Das war die Begründung, die er gab, als er Spenden sammelte, um ein drittes Mal zu versuchen auf die Spitze des Mount Everest, den höchsten Punkt unserer Erde, zu klettern. Zum Zeitpunkt dieser Aussage hatte noch niemand dieses scheinbar unmögliche Ziel erreicht.

Mallorys vollständige Antwort auf diese Frage war: „Weil er da ist ... und seine Existenz ist eine Herausforderung." Ich vermute, dass diese Antwort teilweise instinktiv ist und im Grunde dem Wunsch des Menschen entspringt, das Universum zu bewältigen.

Im Kontext gesehen enthält diese ernsthafte Antwort mehr Wahrheit als die Kurzantwort, die sich zu einem Sprichwort für Fragen dieser Art entwickelt hat. Der Mensch hat in sich ein Bedürfnis, Hindernisse zu überwinden, vorwärts und bergauf zu gehen und sich dann auf neue Höhen zu begeben, seien sie körperlich, mental oder geistlich.

II *Einleitung*

Laut dem Buch „Mountaineering: The Freedom of the Hills"[1] (Bergsport, die Freiheit von den Hügeln, Anmerkung des Übersetzers), das von vielen in Nordamerika als *das* Lehrbuch für den Bergsport betrachtet wird,[2] braucht man für den Bergsport drei Dinge: Erfahrung, athletische Fähigkeiten und zur Gewährleistung der Sicherheit technisches Wissen. Als weiteren Punkt würde ich dieser Liste noch den Mut hinzufügen. Jeder Bergsteiger wird dir bestätigen, dass man mehr als ein bisschen Kühnheit braucht, um die Sicherheit des Basiscamps am Fuße eines Berges zu verlassen, um in unbekanntes Territorium aufzubrechen.

Zu den vielen Gefahren beim Bergsteigen gehören ganz klar folgende:

- Herunterfallen: entweder vom ganzen Berg oder in tückische Spalten
- Dehydrierung
- Erschöpfung
- Höhenkrankheit (ein Zustand, der durch den Mangel an Sauerstoff in großer Höhe entsteht und einer Grippe ähnelt)
- Lawinen
- Unterkühlung ... um einfach nur ein paar zu erwähnen

Die Temperatur auf dem Gipfel des Everest beträgt im Durchschnitt minus 26 Grad und sie kann geradezu plötzlich auf minus 73 Grad fallen. Manches Mal wird der sich über 8 848 Meter in die Luft erhebende König aller Berge anhaltend von Winden in Orkanstärke umgeben.

Die Tatsache, dass Menschen fest entschlossen sind diesen Berg oder auch andere zu besteigen, obwohl ihnen diese Gefahren

---

[1] Ronald C. Eng (ed) Mountaineering: The Freedom of the Hills. 8th Ed. (Mountaineers Books 09/8/2010) ISBN 978-1-59485-137-7

[2] http://en.wikipedia.org/wiki/Mountaineering: The Freedom of the Hills

bekannt sind, zeigt, dass Mallorys Aussage stimmen könnte. Doch historisch gesehen gab es vier Gründe für die Besteigung von Bergen:

- Die Suche nach Nahrung: In der Hoffnung ausreichend Fleisch zu finden, um seine Frau und Familie während der harten Wintermonate ernähren zu können, verfolgten Männer die Spuren eines Rehs, eines Bären oder eines anderen Tieres in für Menschen unangenehmen Höhen des Berges.

- Geistliche Pilgerreisen: Buddhistische Pilger erklommen gefährliche Höhen in den Himalaja-Bergen, um ein Wort der Erkenntnis oder der Weisheit von „heiligen Einsiedlermönchen" zu hören, das ihre Leben inspirieren oder verändern würde – oder ihnen zumindest helfen könnte, anschließend sicher den Berg wieder hinunterzugelangen.

- Aus sportlichen Gründen: Im 19. Jahrhundert prägten europäische Bergsteiger den Begriff „Alpinistik". Damit definierten sie das Ersteigen schwieriger Höhen, wenn der Zweck einfach nur die Freude an der Ersteigung war. Es zu schaffen, neue Höhen zu erreichen und unbekannte Ausblicke genießen zu können, geben dem Alpinisten große, persönliche Befriedigung.

- Der Berg stand zwischen dem Ort, an dem sie sich befanden und dem Ort, zu dem sie gehen wollten.

Geistlich gesehen jagen wir Christen aus denselben Gründen nach höheren Regionen. Auf der Suche nach geistlicher Nahrung, die uns mehr befriedigt, drängt uns unser geistlicher Hunger immer weiter nach oben. Deine Suche nach geistlicher Offenbarung kann eine ständige Intensivierung deiner Beziehung zum Vater bewirken. Und auf jedem Beziehungslevel mit ihm sehnen wir uns danach, einfach einen Moment stehen zu bleiben, um die Aussicht und reine Freude zu genießen. Genau wie Mallory es ausgedrückt hat: In jedem Menschen wohnt das Bedürfnis, in allen Bereichen in höhere Regionen vorzustoßen.

Das Gute dabei ist, dass Gott dich auf eine Reise zum Gipfel mitnehmen will! Nicht einfach nur eine höhere geistliche Ebene, sondern ein ganzes Leben darin. Wenn er an jedem Teil deines Lebens interessiert ist, dann kannst du fest davon ausgehen, dass er es erheben will. Er hat sogar den Plan dafür bereits in Bewegung gebracht:

> *Gott aber, der reich ist an Erbarmen, hat um seiner großen Liebe willen, mit der er uns geliebt hat, auch uns, die wir tot waren durch die Übertretungen, mit dem Christus lebendig gemacht - aus Gnade seid ihr errettet - und hat uns mitauferweckt und mitversetzt in die himmlischen Regionen in Christus Jesus, damit er in den kommenden Weltzeiten den überschwänglichen Reichtum seiner Gnade in Güte an uns erweise in Christus Jesus.*
> *(Epheser 2,4-7 SCH)*

Egal wo du auf dem Erdkreis wohnst, „oben" ist und bleibt „oben" und die „himmlischen Orte" sind eine erhobene Position. Und wenn Gott dich dahin mitversetzt hat, dann hat er dich erhoben. Der Grund dafür ist, dass Christus in uns etabliert wird, damit unser Zustand des Erhobenseins ihm Ehre bringt (Epheser 2,7).

Ein Leben im „Basislager" wird die Verlorenen nie zur Liebe Gottes ziehen. Die beste Werbung, um unerrettete Menschen in Gottes Reich zu ziehen, sind fröhliche, gesegnete Menschen, die schon zu seinem Königreich gehören. Gott möchte dich erheben, damit Leute dich anschauen und sagen: „Wow! Egal weshalb es in deinem Leben so gut läuft, genau das will ich auch!"

Natürlich habe ich den Mount Everest noch nie bestiegen, auch wenn ich ihn auf meinen Reisen nach Indien und Nepal schon gesehen habe. Sein ungeheures Ausmaß ist nahezu unbeschreiblich. Die Rocky Mountains in Colorado würden im Vergleich dazu nur wie ein kleines Vorgebirge wirken. Diejenigen, die es geschafft haben seinen Gipfel zu erreichen, werden dir ganz sicher sagen, dass es nichts auf der Erde gibt, mit dem man diesen Ausblick vergleichen könnte. Er muss absolut außerhalb unserer Vorstellungskraft liegen, wenn wir noch niemals zuvor dort gewesen sind.

Und genau das, mein Freund, ist der Ausblick, den Gott dir geben möchte! Es geht weit über deine Vorstellungskraft hinaus. Nicht der Blick vom Gipfel des Mount Everest – obwohl, wer weiß, vielleicht hat er das ja für dich sogar vorbereitet, sondern der Ausblick von deinem nächsten ... und deinem nächsten ... und deinem nächsten ... und deinem nächsten Level der Autorität, Leistung und Auszeichnung. Es ist an der Zeit, dass du einen Blick nach hinten wirfst und dem Basiscamp einen Abschiedsgruß zuwirfst. Gott ist kurz davor dein Leben zu erheben.

1 – Ergreife deine Gangschaltung

Reisen an Orte wie die Spitze des Mount Everest erfordern Monate von schmerzhaftem Konditionstraining, genaustes Timing und strategische Planung. Mit Christus auf neue Höhen zu gelangen ist dem sehr ähnlich. Also bevor du beginnst nach einem zu besteigenden Berg Ausschau zu halten, wollen wir etwas Vorarbeit leisten.

Die Reise vom EBC (Everest Basis Camp) bis an seine Spitze beträgt zwischen sieben und neun Wochen und man hält unterwegs an verschiedenen Camps an. Nach diesem langen Aufstieg können die Bergsteiger nur ein paar wenige Minuten den wunderbaren Ausblick genießen, bevor sie wieder umkehren. Ihre Körper können solch extreme Höhen ohne spezielle Atemgeräte nicht ertragen. Selbst mit den Geräten ist es für den Körper schädlich diesen extremen Höhen lange ausgesetzt zu sein.

Dasselbe, nur anders

Es gibt zwei große Unterschiede zwischen den neuen Höhen, die Gott verherrlichen und der Eroberung des Mount Everest: Es sind die Länge der Reise und die Länge des Aufenthalts.

Erhoben zu werden ist ein lebenslanger Prozess. Solange du auf dem Planet Erde wohnst, wirst du immer neue Ebenen der Erhebung im Königreich anstreben. Deine Beweglichkeit nach oben wird durch deine Fähigkeit bestimmt, in zwölf aufeinander aufbauenden, geistlichen Dimensionen Autorität auszuüben, die wir ausführlich untersuchen werden.

Zweitens will Gott auch, dass wenn du eine Ebene der Erhöhung erreicht hast, du dich dort ansiedelst. Anders als die Bergsteiger auf dem Mount Everest wirst du nicht nur wenige Augenblicke lang einen spektakulären Ausblick haben, deinen Begleitern einen Klaps auf die Schulter geben, ein paar Fotos machen und dann wieder bergab steigen. Wenn du eine neue Höhe erklommen hast, möchte Gott, dass du dich umsiehst, den Ausblick genießt und dann die neue Ebene einnimmst. Du weißt, dass du dort bleiben wirst, weil er es sagt:

Gott aber ... hat uns mitauferweckt und mitversetzt in die himmlischen Regionen in Christus Jesus, damit er in den kommenden Weltzeiten den überschwänglichen Reichtum seiner Gnade in Güte an uns erweise in Christus Jesus.
(Epheser 2,6-7 SCH)

Das Wort „(mitver)**setzt**" zeigt an, dass man dich nicht bergab rennen sieht. Es erinnert mich daran, wie meine Großmutter Gäste willkommen hieß. Sie sagte zu ihnen: „Wie wäre es, wenn du dich setzt und es dir ein bisschen gemütlich machst?" Wenn man nicht vorhat, längere Zeit dazubleiben, dann setzt man sich auch nicht.

Beginne mit dem Packen

Bergsteiger, die vom EBC losmarschieren, haben eine Basisausrüstung in ihren Rucksäcken: Dazu gehören der Schlafsack, verschiedene Schuhe, warme Kleidung mit wenig Eigengewicht, Wasserflaschen sowie Sonnenbrillen oder Schutzbrillen. Für spezielleres Bergsteigen gehören dann noch weitere Dinge dazu: Karabinerhaken, Steigeisen, Nylonfaden, Eishaken, ein Gurt und Abseilgeräte, um nur einige davon zu nennen.

Da Gott möchte, dass deine Erhebung anhaltend ist, ist es notwendig, dass du nicht nur die Reise unternimmst, sondern du auch das Land einnehmen kannst, wenn du angekommen bist. Genauso wie die Besteiger des Everest spezielle Ausrüstungsgegenstände haben, brauchst du auch einen Rucksack mit Ausrüstung von bestimmtem Wissen und Wahrheit, um den Aufstieg zu schaffen und dich dort anzusiedeln.

Zuallererst brauchst du in deinem Rucksack festen Glauben daran, dass Gottes Plan für dein Leben eine Erhebung vorsieht. Das ist essenziell wichtig für den Erfolg deiner Reise. Seine Pläne sind nicht nur gut, sie sind für das Wachstum des Reiches Gottes auch strategisch wichtig.

Denn ich weiß ja die Gedanken, die ich über euch denke, spricht der Herr, Gedanken des Friedens und nicht zum Unglück, um euch Ausgang und Hoffnung zu gewähren. (Jeremia 29,11)

Religion lehrt uns, dass es nicht dem Wesen von Christus entspricht, vorwärtskommen zu wollen. Doch es gibt nichts, das die Lehre von Christus mehr unterstützt, als dass wir die gute Botschaft den Verlorenen verkünden. Und genau das ist der Zweck, warum Gott dich erheben möchte. Ein von ihm erhobenes Leben ist seine „Madison-Avenue"-Werbekampagne, um Menschen in das Reich Gottes hineinzuziehen.

Wenn du weißt, dass Gottes Plan, um andere zu sich zu ziehen, deine gute Zukunft ist, dann kannst du fröhlich in diese Zukunft hineinschreiten voll froher Erwartung, neue Höhen sicher zu erreichen. In mir weckt das den Wunsch in die Zukunft, die er für mich geplant hat, rasen zu wollen. Aber warte noch ... es gibt noch viel mehr zu entdecken.

Keine Abkürzungen

Manche denken, dass es der Feind ist, der uns davon abhält, neue Höhen zu erreichen. Doch das ist nicht so. Es liegt vielmehr daran, dass wir nicht die Strategie annehmen, die das fördert, was Gott konzipiert hat. Wenn wir nicht die Strategie Gottes anwenden, fangen wir sogar an, *gegen* seinen Plan zu arbeiten.

Viele von uns haben in unseren Autos Navigationssysteme oder Smartphones, die schnell die Strecke ermitteln können, die gefahren werden muss, um von Punkt A zu Punkt B zu gelangen. Doch diese cleveren Werkzeuge können dir nicht sagen, wie der Verkehrsfluss sein wird und auf welche Umleitungen du auf dem Weg treffen wirst.

Solange du dem Weg des Navigationssystems folgst, wirst du am geplanten Ort ankommen. Was aber nicht so gut funktioniert ist, wenn man nicht auf den vorgegebenen Weg schaut, obwohl er auf dem Armaturenbrett angezeigt wird. Noch schlechter ist es, wenn man denkt: „Ich glaube, ich kenne eine Abkürzung", obwohl du noch nie an dem Ort gewesen bist und die Umgebung gar nicht kennst.

Jetzt gehst du gegen das Navi. Und genau diese Strategie verhindert, dass du dein Ziel erreichst. Es ist sogar so, dass du dich verirrst und verwirren lässt, indem du die Vorgabe des Navigationssystems missachtest und das Navi zwingst, deine Position neu zu „berechnen".

Wenn wir Gottes Strategie ignorieren oder uns ihr entgegenstellen, weil wir denken, dass es so besser funktionieren wird, dann werden wir nie den Ort erreichen, den er für uns bestimmt hat. Das ist es, was den Israeliten passiert ist, nachdem sie Ägypten verlassen hatten.

Nachdem Gott die Israeliten aus den Fesseln der Ägypter befreite, fingen sie an in Richtung verheißenes Land zu gehen.

Aber nur wenige von ihnen lebten lange genug, um es auch einzunehmen. Weil sie darin versagten, Gottes Plan zu vertrauen und ihm nachzufolgen, erreichten sie ihr Ziel nicht. Weil sie dem Plan Gottes engagiert widerstanden, musste ihr Standort neu errechnet werden und sie wanderten vierzig weitere Jahre in der Wüste. Ihre Kinder gingen in das neue Land, aber die lange Karawane, die Mose einst folgte, schaffte es nicht dahin.

Gottes Navi

Der Erfolg des Feindes besteht nicht darin, dass er deine Zukunft zerstört (er selbst hat keine), sondern dass er dich dazu bringt, an Gottes Strategie für dein Leben zu zweifeln oder sie nicht umzusetzen. Er möchte, dass du Gottes Navi – sein Wort und die Führung des Heiligen Geistes – ignorierst und auf seine Führung vertraust.

Auch wenn der Teufel dich nicht davon abhalten kann, dass du deine Endbestimmung, die Ewigkeit mit dem Vater zu verbringen, erreichst, liebt er es, wenn du immer wieder neu deinen Ausgangspunkt errechnen musst und bis zum Ende deines Lebens am Basiscamp feststeckst.

Am sichersten führt dich der Heilige Geist in deine Bestimmung. Lass dich ganz auf seine Strategie ein dich an die Spitze zu bringen, bevor du einen Schritt aus dem Basiscamp herausmachst.

Spieglein, Spieglein

Wir sollten uns sehr darüber bewusst sein, welche notwendigen, prophetischen Kräfte in unserem Leben aktiv sein müssen, um uns an die Spitze zu bringen. Direkt nach Gottes Wort und dem Einfluss des Heiligen Geistes, ist der bedeutendste weitere Faktor, in wessen Gesellschaft wir uns aufhalten.

Ein altes Sprichwort sagt: Freunde sind wie Spiegel; du kannst dich selbst wiedererkennen, wenn du sie ansiehst. Das ist gut und schön, wenn die Freunde, die du dir ausgesucht hast, ein gutes Bild abgeben. Aber genau wie die Spiegel in einem Spiegelpalast auf dem Jahrmarkt, können schlecht gewählte Freunde eine absurde Verzerrung reflektieren, das dem Bild Gottes, in das du geschaffen wurdest, nicht ähnlich ist.

Welche Freunde du wählst, zeigt auf, wie du dich selbst siehst. Und wie du dich selbst siehst, hat einen entscheidenden Einfluss auf deine Bestimmung. Denn deine Gedanken und Handlungen basieren auf dem, wie du dich selbst siehst.

Wie Mama es gemacht hat

Da wo ich herkomme, in Louisiana, lehren Mütter ihre Töchter Gumbo zu machen, „wie Mama ihn gemacht hat". Dazu musst du verstehen: um einen richtig guten Gumbo-Eintopf zu machen, brauchst du mehr als nur eine gute Mischung von Öl und Mehl. Die Geheimnisse über das gute Würzen und die richtige Kochtemperatur werden in jeder Familie von der Großmutter an die Mutter und von der Mutter an die Tochter weitergegeben.

Cajun-Köche wissen, dass man Mehl und Öl braucht, um eine Schwitze einzubrennen. Das ist eine Universalwahrheit aus Südlouisiana. Aber wie genau jede einzelne Familie diese Wahrheit anwendet, wie viel Öl mit wie viel Mehl gemischt wird und wie hoch die Hitze eingestellt sein muss, das ist es, was jede Mehlschwitze einzigartig machen.

Doch was hat denn die Zubereitung von Gumbo mit deiner Bestimmung zu tun? Wenn du im Atchafalaya Basin lebst, könnte es viel bedeuten; aber es gibt immer noch ein wichtiges Prinzip, das wir erfassen müssen. Genauso wie die Tochter instinktiv das Öl und das Mehl bei derselben Temperatur und ebenso lang wie ihre Mutter und Großmutter erhitzt, wiederholen die meisten von uns Gedanken und Verhaltensmuster der Personen, mit denen wir am meisten Zeit verbracht haben.

Anders ausgedrückt: Wir fällen Entscheidungen aufgrund der Wahrheit, der wir ausgesetzt waren. Und wir entscheiden, wie wir diese Wahrheit im täglichen Leben anwenden. Ab dem Zeitpunkt unserer Bekehrung ist die Wahrheit aus Jeremia 29,11, dass Gott für uns gute Pläne und eine gute Zukunft hat, eine Lebensgrundlage. Wenn wir mit Freunden gesegnet sind, die diese Wahrheit auch kennen und begeistert Gottes Pläne verfolgen, ist es wahrscheinlich, dass auch wir es tun werden.

Aber wenn uns nahestehende Personen nicht mutig und hoffnungsvoll ihrer Zukunft ins Auge blicken, obwohl sie diese Wahrheit kennen, dann wird es für uns viel schwieriger sein, diese Wahrheit für uns persönlich anzunehmen.

Erweitere dein Repertoire strategisch

Wenn du deine Freunde bewusst und im Hinblick auf die Bestimmung auswählst, hat das eine starke Auswirkung darauf, wie deine Reise endet. Durch sie kannst du Salbungen ausgesetzt werden, die vorher nicht Teil deines Repertoires waren. Deswegen ist es möglich, durch strategische Assoziationen und Beziehungen mit Personen auf einem höheren Level im eigenen Leben höhere Ebenen zu erreichen.

Gemäß der Schrift können dich strategische Beziehungen sogar in eine andere Person verwandeln. Der Prophet gibt König Saul in 1. Samuel folgende Anweisungen:

Danach wirst du nach Gibea Gottes kommen, wo die Wache der Philister ist; und wenn du dort in die Stadt kommst, wird dir eine Schar von Propheten begegnen, die von der Höhe herabkommen, und vor ihnen her Harfe und

Pauke und Flöte und Zither, und sie werden in Verzückung sein. Und der Geist des HERRN wird über dich kommen, dass du mit ihnen in Verzückung gerätst; da wirst du umgewandelt und ein anderer Mensch werden.

(1. Samuel 10,5-6 Luther)

Saul wurde in einen anderen Menschen umgewandelt, als er sich vorsätzlich in eine Beziehung mit einer Gruppe von Menschen begab, die von einer Höhe, also einem erhobenen Ort, kamen.

Das Wort „Gibea" bedeutet Hügel oder Höhe. Nachdem er einer Gruppe Propheten begegnet war, die von einem erhöhten Ort in Gott kamen, empfing Saul eine Salbung, die nicht seiner ursprünglichen DNS entsprach. Der Geist des Herrn brachte ihn dazu, in einer prophetischen Gabe zu wirken, in der er vor dieser Begegnung noch nie gewirkt hatte. Dadurch, dass er sich strategisch mit dieser Gruppe verband, wurde sein Leben auf ein neues Level gebracht.

Der Natur widerstrebt das Vakuum

Wenn du dich mit einem höheren Level der Salbung verbindest, so wie Saul es tat, als er zu den Propheten von Gibea kam, dann wird durch das geistliche Gesetz der Übertragung eine Anforderung an diese Salbung erzeugt. Wissenschaftler verstehen dieses physikalische Gesetz: Der Natur widerstrebt das Vakuum. Wenn etwas unter hohem Druck ist, wird es immer dahin fließen, wo niedrigerer Druck ist.

Das geschah auch bei der Frau mit dem Blutfluss (Markus 5, 25-31). Weil sie glaubte, dass sie geheilt wird, wenn sie den Saum seines Gewandes berührt, erzeugte das Vakuum in ihr eine Forderung gegenüber der Salbung – und es funktionierte! Diese Wahrheit, sowohl natürlich als auch geistlich, machte sie gesund. Als diese kraftvolle Salbung das Vakuum in ihr füllte, war in ihr dieselbe Autorität gegen diese Krankheit wie in Jesus.

Jesus hat die höchste Autorität über jede geistliche Dimension. Darum ist es das Wichtigste, der Beziehung mit ihm nachzujagen. Erhebung geschieht, wenn du lernst wie man Gottes Autorität in allen Dimensionen ausübt und wie man Forderungen an die Salbungen in ihm stellt.

Das Ziel dieses Buches ist es, geistliche Dimensionen zu diskutieren und darüber zu sprechen, wie man in jeder Dimension Autorität bekommen kann. Um in weitere Höhen in Christus zu gelangen, ist es wichtig, dass wir die ersten vier Prinzipien verstehen. Während du immer weiter nach oben steigst, erinnere dich regelmäßig daran:

1. Gott hat gute Pläne für mich (und es ist in Ordnung, das zu glauben).

2. Gottes Navi ist schlauer als ich (also muss ich den Weg nicht neu errechnen).

3. Die Menschen, mit denen ich mich umgebe und das Gumbo, das ich mache (also die Wahrheit, der ich ausgesetzt bin und wie ich diese anwende), sind dominante Faktoren, die bestimmen, ob ich mein Ziel erreiche.

4. Strategische Beziehungen können mich in eine andere Person verwandeln (Bedenke, wie sehr die Beziehung mit der Person Jesus uns selbst als Person verwandelt).

2 – Du kannst Vom Hier zum Dort kommen

Keiner sprintet auf die Spitze des Mount Everest. Egal wie viele Monate man trainiert und sich vorbereitet hat, wenn sie erst einmal auf dem Berg sind, müssen die Bergsteiger jeden Schritt, den sie tun, vorsätzlich und berechnend ausführen. Man muss regelmäßige Stopps auf dem Weg einlegen, damit der Körper sich nach und nach an die höheren Ebenen anpasst.

Die Besteigungen des Everest beginnen mit einem Flug von Katmandu, Nepal, zum Tenzing-Hillary-Flughafen in Lukla, dem gefährlichsten Flughafen der Welt. Seine kurze, steile Landebahn verknüpft mit unvorhersehbarem, brutalem Wetter führen oft zu schlimmen Abstürzen.[3] Von Lukla aus ist es dann eine Zwei-Tage-Wanderung zum Dorf Namche Bazar. Dort findet der erste Höhenanpassungsstopp für Bergsteiger statt.

Dann heißt es für sie weiterwandern zum Everest Basis Camp. Es liegt südlich vom Khumbu-Eisbruch auf der gefährlichsten Seite des Berges. Nach mehreren Tagen der letzten Vorbereitungen und der Anpassungszeit des Körpers beginnen sie den

---

[3] http://en.wikipedia.org/wiki/Lukla

Aufstieg zu den nächsten vier Basiscamps, die sich auf dem Weg des Aufstiegs zum Gipfel befinden.

Die letzte Pause vor dem ultimativen Push entlang des Südcol auf den 8 848 Meter hohen Berggipfel, wird „Der Balkon" genannt. Viele nennen ihn auch die „Todeszone".

Auf dem Balkon müssen die Bergsteiger eine Serie von gewaltigen Felstreppen überqueren, die sie dazu zwingen, hüfthohen Schnee zu durchqueren, der eine ernsthafte Lawinengefahr in sich birgt. In dieser Höhe von ungefähr 7 924 Meter kann eine schlimme Höhenkrankheit fatale Folgen verursachen.

Genauso wie die Everest-Bergsteiger ihren Aufstieg bis ins Detail planen und ausmessen, braucht man für diese Höhe gewissenhafte Gedanken und gewissenhaftes Handeln, wobei das Schlüsselwort hier gewissenhaftes „Handeln" ist. Du kannst dein ganzes Leben lang vor deinem Zelt stehen (oder in einer Gemeinde auf einer Bank sitzen) und die atemberaubenden Bergspitzen bewundern und dich den Tagträumen über den vermeintlich nächsten Ausblick hingeben, doch so lange du dich nicht entscheidest, einen Fuß vor den anderen zu setzen oder mit der geplanten Strategie fortzufahren, wirst du im Königreich nirgends hinkommen.

Lukla verlassen

Die nun folgenden sieben Schritte sind dein Sprungbrett. Betrachte sie als dein geistliches Lukla, als den Ort, an dem der Wanderpfad tatsächlich beginnt. Jeder von ihnen hat eine unerlässliche Bestimmung, studiere sie ausgiebig. Und denke daran: Für die Besteigung dieses Berges gibt es keine Abkürzungen!

1. Erhebe dein Leben, indem du deinen Gott erhebst

Der Prozess eines erhöhten Lebens beginnt damit, dass du deinen Gott erhebst. Im ersten Schritt der Expedition musst du unmissverständlich entscheiden, wer die „Nummer eins" in deinem Leben ist. Und nur so als Hinweis: Gott auf Platz zwei zu haben funktioniert nicht wirklich gut.

Wir haben die Tendenz, viele Dinge über Gott zu erheben. Das Erste könnte unsere Arbeit sein, die Finanzen oder die Familie. Ein anderes Wort dafür ist Götzendienst. Ein Götze kann alles sein, dem du deine Zeit, Talente oder Gedanken mehr widmest als Gott selbst.

Gott segnet Götzendienst nie. Im Gegenteil, er befiehlt uns, dass wir uns so schnell wie möglich von jeder Spur der Sünde entfernen. *„Darum, meine Geliebten, flieht den Götzendienst!" (1. Korinther 10,14).*

Wenn du deine Arbeit, dein Geld oder deine Familie über Gott erhebst, dann wird Gott niemals diese göttliche Übertragung freisetzen, die du brauchst, um das nächste Level zu erreichen. Die Salbung und die Gaben, die für das nächste Level benötigt werden, können nur aus Gottes Fülle in unser Leben hineinfließen.

2. Erhebe Gott, indem du sein Königreich erhebst

In Matthäus 6,33 steht: *„Trachtet aber zuerst nach dem Reich Gottes und nach seiner Gerechtigkeit, und dies alles wird euch hinzugefügt werden."* Um Gottes Königreich zu erheben, sollte allem, was ihm wichtig ist, Vortritt gegeben werden. So positionierst du dich für übernatürliche Erhebung.

Auch wenn Autos dich schnell an verschiedene Orte bringen können, gibt es etwas, das sie nicht können: Sie können nicht fliegen. Zumindest nicht so weit, dass man damit etwas anfangen könnte oder es gut endet. Um auf eine höhere Ebene zu kommen, braucht man ein Flugzeug.

Die Boeing Airbus A380-800 ist das größte Passagierflugzeug der Welt. Mit einem Passagierraum von 477 Quadratmetern kann sie über 800 Personen inklusive Gepäck transportieren. Sollte ein Auto als Frachtgut dabei sein, wird das Auto, sobald das Flugzeug abhebt, ebenfalls fliegen.

Wie das Auto in der Frachtabteilung im Airbus abhebt, können wir das in Christus tun. Er kann uns an Orte bringen, von denen wir niemals geträumt hätten, dass wir dort jemals alleine hinkommen.

Jesus sagt zu seiner Gemeinde, dass sie noch größere Dinge tun könnte als seine ersten Jünger. Auch wenn wir nichts in unserer eigenen Kraft erfüllen können, wenn wir uns selbst in der A380 positionieren, die als „Jesus und sein Königreich" bekannt ist, dann können wir das tun, was er tat – und noch mehr!

3. Erhebe das Königreich, indem du sein Wort erhöhst

Gottes Wort zu erheben bedeutet, dass wir ihm Autorität über unser Leben geben, indem wir ihm das letzte Wort in allem was wir denken oder tun geben. Es bedeutet, dass wir seinem Wort die Ehre und die Anerkennung geben, die er ihm selbst gibt: *„Denn du hast dein Wort groß gemacht über all deinen Namen" (Psalm 138,2).*

Viele Christen wollen selbst heraussuchen, was sie aus dem Wort Gottes annehmen möchten. Sie mischen ein bisschen aus 1. Mose hier und einen Vers aus den Psalmen da, ein bisschen aus den Evangelien, eine Prise Apostelgeschichte und ein paar Zeilen aus den Briefen des Paulus. Und das wird dann ihre Bordkarte, um den Airbus 380 zu besteigen, der Christus ist. Du kannst es mir glauben: So schaffst du es nicht einmal durch den Sicherheitscheck.

4. Erhebe Gottes Wort, indem deine Hingabe wächst

Um mit einer kommerziellen Fluggesellschaft zu fliegen, musst du dir ein Ticket kaufen, deinen Boarding Pass holen und dann zu deinem Platz gehen. Aber wenn du dich weigerst, deinen Sicherheitsgurt anzulegen oder dein Mobiltelefon auszuschalten, wenn es Zeit für den Abflug oder für die Landung ist, dann wird man dich aus dem Flugzeug hinausbegleiten. Passagiere, die den Sicherheitsbestimmungen eines Flugzeuges nicht folgen, dürfen nicht mitfliegen.

Gottes Wort enthält die Prinzipien des Königreichs: Du kannst Errettung annehmen, in Wasser und im Heiligen Geist getauft sein und ein Gemeindemitglied werden, aber wenn du dennoch nicht nach den Königreich-Prinzipien aus Gottes Wort lebst, wirst du am Boden festkleben. Du wirst mit Jesus nirgends hinkommen.

In den letzten Jahrzehnten hat es eine schleichende Veränderung in der Gemeinde gegeben. Die Christen sind dahin gekommen, dass sie eine Kultur angenommen haben, die keine Hingabe an die Prinzipien von Gottes Wort reflektiert. Stattdessen haben wir uns auf eine verwässerte Kultur von Aktivitäten ohne Salbung, Wachstum ohne Herrlichkeit, Dienst ohne Mission, Vorsätze ohne Gebet und Dienst ohne Opfer eingelassen.

Die Kultur des halbherzigen Wischiwaschi-Christentums hat die Gemeinde schon viel zu lang am Boden gehalten. Diese Version des Christseins positioniert die Gemeinde nicht **in** Christus, vorbereitet um abzuheben; sie positioniert uns lediglich dazu, sonntagmorgens auf einem Platz im Gottesdienst zu sitzen.

Psalm 138,1 sagt uns, dass wir Gott von **ganzem** Herzen preisen sollen und 99,9 Prozent ist nicht „das Ganze". Wenn wir auf schwindelnde Höhen in Gottes Plan vorpreschen wollen, bedeutet das, dass wir uns vollkommen für das Königreich einsetzen.

5. Erhebe dein Leben, indem du die Mission erhebst

Drei der Evangelien beschreiben auf ergreifende Weise, was geschieht, wenn die Mission der Gemeinde erhöht wird. Die Mission Christi auf der Erde war, dass er für die Errettung der Welt starb. Das war sein Auftrag.

Die Mengen, die sich um Jesus drängten und sich danach sehnten, ein weiteres Zeichen oder Wunder zu sehen, hatten keinerlei Verständnis über seine Bestimmung. Und falls seine Jünger sich irgendwie darüber im Klaren waren, dann waren sie auf jeden Fall nachhaltig gegen den Plan. Lediglich Maria von Bethanien entschied sich aufopfernd mit ihrer Flasche teuren Parfums in Ausrichtung mit seiner Mission zu kommen.

Als Jesus im Haus eines Pharisäers zu Gast war, kniete Maria sich vor ihm nieder und weinte öffentlich. Als ihre Tränen seine Füße benetzten, trocknete sie diese mit ihren Haaren und lehnte sich dann nach vorne, um sie zu küssen. Dann zerbrach sie die Flasche mit dem Parfum und goss es über die Füße von Jesus.

Jesus verstand die Bedeutung dessen, was sie da getan hatte. Als die Jünger sich darüber beschwerten, wie verschwenderisch diese Handlung war (ein Jahreslohn), wies Jesus sie zurecht:

> *Denn indem sie dieses Salböl über meinen Leib gegossen hat, hat sie es zu meinem Begräbnis getan. (Matthäus 26,12)*

Ob sie es selbst wirklich verstanden hat oder nicht, in diesem entscheidenden Moment unterstützte Maria die Erfüllung von Jesu Auftrag, indem sie seinen Leib für das Begräbnis vorbereitete, das ihm in Kürze bevorstand. Sie gab ihr ganzes Herz dafür hin, die Mission Christi vorwärtszubringen.

Und Jesus deklarierte für die kommenden Generationen die Auswirkungen von Marias Liebeserweis:

Wahrlich, ich sage euch: Wo irgend dieses Evangelium gepredigt werden wird in der ganzen Welt, wird auch davon geredet werden, was diese getan hat, zu ihrem Gedächtnis. (Matthäus 26,13)

Und hier sind wir, über zweitausend Jahre später und sprechen immer noch darüber.

Gott erhebt diejenigen, die ihm gegenüber in den Dingen, die ihm wichtig sind, hingegeben sind. Seine Mission – die Verlorenen zu erreichen und ihr Leben zu verändern – hat für ihn Bedeutung. Gieße dein Leben in das hinein, was ihm wichtig ist und genieße die Aussicht auf deinem Weg zum Gipfel.

6. Erhebe den Auftrag, indem du deine Gemeinde erhebst

In den Vereinigten Staaten gibt es zunehmend Personen, die „ihr eigenes Ding" machen wollen. Sie wollen „Gottesdienste" im Garten oder am Küchentisch von irgendjemandem besuchen (falls sie überhaupt hingehen), statt sich einer lokalen Gemeinde anzuschließen.

Diese Christen, die es gut meinen, glauben zwar an die Mission der Gemeinde, das Evangelium der ganzen Welt zu predigen, doch sie schließen sich keiner lokalen Gemeinde an, wo sie vielleicht dem Kind einer alleinstehenden Mutter über die Straße helfen oder ein Programm für schulfreie Zeiten anbieten oder einmal im Monat bereit sind Essen an Bedürftige zu verteilen. Sie sind absolut dafür, dass das Königreich Gottes global gebaut wird, doch sie fügen sich vor Ort nirgends ein.

Es ist eine tolle Sache, ein Familiengebet zu haben, aber es ersetzt die Gemeinschaft mit anderen nicht. Da sich das Königreich aus lokalen Gemeinden aus der ganzen Welt zusammensetzt, kannst du das Königreich Gottes nicht bauen, ohne die lokale Gemeinde zu bauen.

Gläubige haben die Mission der Gemeinde - oder anders ausgedrückt diese namenlose Masse von Menschen, die sich sonntags rund um den Erdkreis versammelt - verlassen. Das sehr vorhersehbare Resultat dieses Rückzuges ist, dass die Mission nie erfüllt wird.

Es gibt keinen Raum für unterschiedliche Interpretationen von Gottes Wort diesbezüglich. Er sagte nicht: „Häng einfach da ab, wo es dir gerade danach ist, um anzubeten." Stattdessen sagte er sogar sehr deutlich den Gläubigen, die anwesend sein sollten:

*Und Gott sprach zu Jakob: Mach dich auf, zieh **hinauf** nach Bethel und wohne dort, und mache dort einen Altar dem Gott. (1. Mose 35,1)*

Das Wort Bethel bedeutet „Haus Gottes". Einfach ausgedrückt beauftragt uns diese Schriftstelle in eine lokale Gemeinde zu gehen, dort fest bleiben und dann einen Ort der Anbetung und des Dienstes in dieser Gemeinde zu finden.

Es gibt keine Schriftstelle, in der diese Anweisung verändert oder aufgehoben wurde. Im Gegenteil, es wurde beständig wiederholt:

*Kommt denn und lasst uns **miteinander** rechten.*
(Jesaja 1,18)

*Lasst uns **miteinander** erhöhen seinen Namen. (Psalm 34,4)*

*... indem wir unser **Zusammenkommen** nicht versäumen, wie es bei einigen Sitte ist. (Hebräer 10,25)*

Es scheint sehr klar zu sein, dass es Gottes Intention ist, dass unser Gottesdienst und unsere Anbetung gemeinsam geschehen. Dennoch lehnen viele diese Bedingung ab, geben die Reise auf und erfüllen nie die erhobene Bestimmung, die Gott für sie geplant hatte.

Pass auf, dass du nicht in die Falle tappst, dass du dich selbst rechtfertigst, indem du die Gemeinde anklagst, dass sie voller Pharisäer sei, die aufgeblasene Egos haben und nur dein Geld wollen. Auch wenn das auf manche Gemeinden zutreffen mag, könnte dies ebenso auf jede andere Gruppe Menschen zutreffen.

Ja, es gibt skrupellose, pharisäerhafte Beamte in jeder Polizeitruppe, aber wenn jemand in dein Haus einbricht, wählst du trotzdem 110. Viele Politiker haben riesige Egos, aber am Tag der Wahl wählen wir den Kandidaten, der unsere Region am besten regieren würde. Manche Ärzte interessieren sich nur für dein Geld, aber das hält dich nicht davon ab einen Arzttermin auszumachen, wenn die Krebssymptome weiterhin da sind.

Erwarte, dass sich das Haus Gottes auf einer Anhöhe befindet, weil Veränderung auf Höhen geschieht. Als Saul eine Gruppe Propheten traf, die von den Höhen der Anbetung herabkam, verwandelte Gott ihn in eine andere Person.

Um wahre Erhebung zu erfahren, geh in dein lokales Haus der Anbetung, habe Gemeinschaft mit anderen Gläubigen im Gottesdienst und erlaube Gott dich in das Bild von sich zu verändern, zu dem er dich ursprünglich geschaffen hat.

7. Erhebe deine Gemeinde, indem du deine Mission erhebst

Gott hat dich aus einem bestimmten Grund in seinem Bild geschaffen. Du bist mit einer Bestimmung hier. **Deine** Mission und **die** Mission sind zwei unterschiedliche Dinge, dennoch sind sie eng miteinander verbunden. Wenn du **deinen** Auftrag in einer lokalen Gemeinde erfüllst, wird **die** Mission erfüllt.

Im Kern der lokalen Gemeinde sind Menschen, die harmonisch zusammengeführt wurden, um einer individuellen Mission nachzugehen. Um deine Gemeinde zu erheben, erhebe deine Mission in dieser lokalen Versammlung.

Dir deiner besonderen Berufung bewusst zu werden und sie zu erfüllen, offenbart, ob du wirklich Gottes Kind bist. Übernatürliche Erhebung geschieht, wenn du deine bestimmte Mission erkennst und dich dann leidenschaftlich mit Händen und Füßen in den gemeinsamen Dienst an unseren himmlischen Vater hineingibst.

Gottes Umgebung

Rockstars oder Filmstars haben für ihre Reisen eine eigene Umgebung. Ihre nahestehenden, sie anhimmelnden Mitarbeiter haben weder Talent noch sehen sie gut aus, noch haben sie viel Geld, aber indem sie in der Nähe dieses VIP sind, genießen sie in der Welt einen gewissen erhobenen Status.

Dasselbe gilt auch auf einer unendlich höheren Skala für diejenigen, die sich in Gottes Umgebung aufhalten. Wenn du beginnst, Gott mit diesen sieben Schritten zu erheben, wird er dich in diesem Prozess erhöhen. Aufgrund dieser Assoziation wird er dich mit dabeihaben, wenn er sich weiterbewegt. Dein erhobenes Leben wird zu einem blinkenden Neonlicht, das die verlorenen Seelen zum Vater führt.

3 - Seile und Leitern

Während sich die Bergsteiger an die Höhe im EBC akklimatisieren, sind ihre Träger und Führer damit beschäftigt, ein System von Seilen und Leitern aufzubauen, das dabei hilft, sie über den sehr gefährlichen Khumbu-Gletscherbruch zu navigieren. Ganz oben am Kopf des Khumbu-Gletschers, dem größten Gletscher der Welt, ist über dem EBC der Ausgangspunkt der Reise.

Sherpas, die Einwohner von Nepal, sind klassische Führer für solch eine Exkursion. Sie sind für ihre außergewöhnlichen Fähigkeiten und ihr Ausdauervermögen in extremen Höhen bekannt. Manche Spekulationen besagen, dass sie ihre Fähigkeiten als Resultat einer genetischen Anpassung haben, da sie in so großer Höhe leben. Ihre körperliche Fähigkeit und ihr Verständnis über das Gelände des Berges macht sie für Expeditionen unersetzlich.

Das Seile- und Leitern-Klettersystem, das von den Sherpa-Führern erbaut wird, hilft den Bergsteigern, dieses schwierige Gebiet zu überqueren. Der Khumbu-Gletscher bewegt sich täglich ungefähr einen bis eineinhalb Meter; ausreichend, dass sich unter den Füßen der Bergsteiger tiefe Gletscherspalten bilden und ohne jegliche Vorwarnung Eisstürme auf sie niederbrechen könnten. Täglich gehen hier oben Menschenleben verloren.

Neulinge im Bergsteigen, die in der Sicherheit des EBC warten, verstehen die Wichtigkeit des von den Sherpas zuvor errichteten Bergsteigsystems oft nicht völlig. Aber sicher ist: Sobald ihre Füße das glitschige Gefälle des Gletscherbruchs betreten, bekommen sie schnell eine tiefe, innere Anerkennung über die strategische Struktur ihrer Führer.

Gottes strategische Struktur

Die einfachste Definition des Wortes „Strategie" ist: etwas, das vorab getan wird, um abzusichern, dass der Wunsch, ein bestimmtes Resultat zu bekommen, erfüllt wird.
Das gewünschte Resultat ist Gottes Verheißung für eine gute Zukunft, eine erhobene Bestimmung. Seine Strategie ist es, die Manifestation seiner Verheißungen zu beschleunigen, während du deine Autorität in den zwölf aufeinanderfolgenden geistlichen Dimensionen ausübst. Der Reihe nach sind diese zwölf Dimensionen:

1. Autorität über dich selbst
2. Autorität in der Familie
3. Autorität in säkularen Angelegenheiten
4. Autorität im geistlichen Dienst
5. Autorität über dämonische Systeme
6. Autorität über Ressourcen
7. Autorität über Zeiten
8. Autorität über Regionen
9. Autorität für Heilung
10. Autorität über höhere Dimensionen
11. Autorität mit Gott über die Natur
12. Autorität, deine Welt mit Gottes Plan auszurichten

Geistliche Autorität ist die wichtige, doch fehlende Komponente in unseren Bemühungen, Gottes Königreich auf die Erde zu bringen und seinen Willen für unser Leben zu erfüllen. Es ist auch heutzutage eines der am meisten missverstandenen Prinzipien in der Gemeinde.

Wenn du sagen musst, dass du der Chef bist ...

Um besser zu verstehen, was geistliche Autorität ist, lasst uns erst einmal klären, was es **nicht** ist. Geistliche Autorität bedeutet **nicht,** dass ein religiöses hohes Wesen herumstolziert und sich selbst als den „kraftvollen Mann Gottes für genau diese Zeit" anpreist. Es geht nicht darum, dass du dir selbst einen wichtigen Titel gibst oder dass du Anerkennung von einer eingeschüchterten Gemeindeversammlung einforderst. Personen, die versuchten geistliche Autorität auszuüben, obwohl sie keine besitzen, haben schon sehr viel Schaden angerichtet (dazu später mehr).

Ein altes Sprichwort sagt: Wenn du Leuten mitteilen musst, dass du der Boss bist, dann bist du es nicht. Einen Titel zu tragen bedeutet nicht, dass du ein angemessenes Maß geistlicher Autorität besitzt.

Geistliche Autorität ist auch nicht mit geistlicher Kraft zu verwechseln. Kraft und Autorität sind zwei völlig unterschiedliche Dinge. Wie Jesus es schon aufzeigte: Wir benötigen **beides,** um Gottes Werk auf der Erde zu erfüllen.

*Als er aber die Zwölf zusammengerufen hatte, gab er ihnen Kraft **und** Gewalt über alle Dämonen und zum Heilen von Krankheiten; und er sandte sie aus, das Reich Gottes zu predigen und die Kranken zu heilen. (Lukas 9,1-2)*

Das Problem der Gemeinde ist nicht ein Mangel an Kraft. Jedem Gläubigen, der im Heiligen Geist getauft ist, wurde dieselbe Kraft anvertraut, die die Welt in Existenz brachte und Christus von den Toten auferweckte.

*Dem aber, der über alles hinaus zu tun vermag, über die Maßen mehr, als was wir erbitten oder erdenken, **nach der Kraft, die in uns wirkt** ... (Epheser 3,20)*

Durch die Taufe im Heiligen Geist werden wir geistliche Kernreaktoren. Wir erlangen keine Erhöhung, indem wir uns mehr Kraft zulegen, sondern indem wir zu mehr Autorität kommen. Die traurige Wahrheit ist, dass viele Gläubige nie den übernatürlichen Durchbruch erfahren, der mit diesen fortgeschrittenen Dimensionen einhergeht, weil sie ihre gottgegebene Autorität nicht ausüben.

Es gibt sieben Gründe für diesen Fehler:

1. Gläubige verstehen die Bedeutung von geistlicher Autorität nicht

Du kannst nicht auf einem Level geistlicher Autorität leben, von dem du nicht einmal weißt, dass es existiert. Als er von den Verlorenen sprach, formulierte Paulus es folgendermaßen:

Wie werden sie nun den anrufen, an den sie nicht geglaubt haben? Wie aber werden sie an den glauben, von dem sie nicht gehört haben? Wie aber werden sie hören ohne einen Prediger? (Römer 10,14)

Anders ausgedrückt: Du weißt gar nicht, dass du nicht weißt, was du nicht weißt.

2. Gläubige unterstellen sich keiner geistlichen Autorität

Sich geistlicher Autorität unterzuordnen bedeutet nicht, dass man unter den Launen eines Leiters, der auf einem Powertrip ist, zusammenkauert. Es bedeutet vielmehr dem Ehre zu geben, dem Ehre gebührt (Römer 13,7) und willig denen den Vortritt zu lassen, die als Personen in einer höheren Autoritätsposition anerkannt werden.

Die Geschichte vom Hauptmann in Matthäus 8,5-13 beschreibt am besten, wie wichtig es ist, dass geistliche Autorität anerkannt wird und man sich ihr unterordnet. Der Hauptmann erkannte die Tatsache an, dass die Autorität Jesu über Krankheit daher kam, dass er sich **der** Autorität unterstellte. Er bestätigte dies, indem er sagte, dass Jesus nur ein Wort senden müsse und sein Diener gesundwerden würde.

*Denn **auch** ich bin ein Mensch **unter Befehlsgewalt** und habe Soldaten unter mir; und ich sage zu diesem: Geh!, und er geht; und zu einem anderen: Komm!, und er kommt; und zu meinem Knecht: Tu dies!, und er tut es. (Matthäus 8,13)*

Jesus ordnete sich unmissverständlich dem Willen des Vaters unter. Die Konsequenz davon war, dass er in einem Bereich wirken konnte, indem ein einfaches gesprochenes Wort alle Arten von Krankheit heilen und sogar Tote auferwecken ließ.

Und Jesus sprach zu dem Hauptmann: Geh hin, dir geschehe, wie du geglaubt hast. Und sein Knecht wurde geheilt in jener Stunde. (Matthäus 8,13)

3. Gläubige sind geistlich nicht reif

Wenn du ein Kind Gottes und Erbe seines Königreiches bist, dann hast du automatisch den richtigen Namen. Das ist all die Kraft, die du brauchst! Doch ein Vater, dem ein Geschäft gehört, würde dieses Geschäft nie einem unreifen Sohn oder einer unreifen Tochter anvertrauen, jemandem, der das Geld lieber für Kaugummi ausgibt, anstatt die Rechnungen zu bezahlen.

Ich sage aber: solange der Erbe unmündig ist, unterscheidet er sich in nichts von einem Sklaven, obwohl er Herr über alles ist; sondern er ist unter Vormündern und Verwaltern bis zu der vom Vater festgesetzten Frist.
(Galater 4,1-2 ELB 85)

Bis zu dem Zeitpunkt, wenn wir geistlich reif sind, unterscheiden wir uns in „nichts von einem Sklaven", unabhängig von den Privilegien, die uns durch unser Geburtsrecht zustehen.

Es ist wichtig, dass wir geistlich reif werden, indem unser Verständnis über die Wege Gottes zunimmt. Wir müssen in der Lage sein festzustellen, was geschieht und ebenso aus welchem Grund Dinge geschehen.

*Haltet es für lauter Freude, meine Brüder, wenn ihr in mancherlei Versuchungen geratet, indem ihr erkennt, dass die Bewährung eures Glaubens Ausharren bewirkt. Das Ausharren aber soll ein vollkommenes Werk haben, damit ihr **vollkommen** und vollendet seid und in nichts Mangel habt.*
(Jakobus 1,2)

4. Gläubige sind keine treuen Verwalter

Der gemeindebesuchende Durchschnittschrist spendet laut Statistiken nur neun Zehntel von einem Prozent seines Einkommens, also nicht einmal ein Zehntel vom Zehnten! Per Definition ist der Zehnte zehn Prozent. Es ist nicht nur so, dass viele ihren Zehnten gar nicht erst geben, sondern dass sie Gott noch nicht mal ein „Trinkgeld" opfern.

Mit diesem kümmerlichen Geben ist es kein Wunder, dass die Gemeinde so uneffektiv darin ist, die Verlorenen, die Kranken und die Verwundeten zu erreichen. Es fehlt am Geld! Aber noch wichtiger: Aufgrund ihrer schlechten Verwaltungsgewohnheiten haben Christen keine Autorität darin, Herrschaft über den Machtbereich der Finsternis auszuüben.

Beunruhigend an dieser Statistik ist, dass die Gläubigen sich nicht daran stören, dass sie keine Autorität besitzen, große Dinge wie zum Beispiel Krebs, Drogenabhängigkeit und Scheidung zu bewältigen, bis es **ihr** Krebs, ihre Drogenabhängigkeit und ihre Scheidung wird. Sie geben sich damit zufrieden, neun Zehntel eines Prozents zu geben und geistlich kraftlos zu sein, bis sie übernatürliche Kraft benötigen, um beispielsweise **ihr** Kind aus den grausamen Krallen der Drogenabhängigkeit zu befreien oder **ihren** Ehepartner aus dem schwarzen Abgrund der Untreue zurückzuholen.

Der Teufel möchte, dass Christen weiterhin glauben, dass Verwalterschaft nicht „neutestamentlich" ist, sondern nur dafür sorgt, dass die fetten Katzen noch fetter werden. Er weiß, wenn wir bezüglich der Wahrheit über Verwalterschaft aufwachen, diese Verwalterschaft uns dazu bevollmächtigen wird, dass wir Autorität und Kontrolle über seine Bereiche erlangen. Und dann ist er in ernsthaften Schwierigkeiten! Wenn wir ihm nachdrücklich befehlen zu weichen, bleibt ihm keine andere Wahl als nachzugeben.

In dem Gleichnis über die Talente (Lukas 19,12-27) bringt Jesus das Recht, geistliche Autorität auszuüben in direktem Zusammenhang mit treuer Verwalterschaft. In diesem Gleichnis hat die treue Verwaltung über „sehr wenig" den Diener qualifiziert, befördert zu werden und Autorität über ganze Städte zu erhalten!

Gott wird die Reichtümer geistlicher Autorität nicht denjenigen anvertrauen, denen man mit dem Mammon nicht vertrauen kann, der keinen bleibenden Wert hat. Solange sie sich nicht als vertrauenswürdig erweist, kann die Gemeinde nie Autorität für sofortige Heilung oder das Austreiben von Dämonen in drogenverseuchten Stadtteilen erhalten.

5. Gläubige hungern nicht nach geistlicher Autorität

Mir wurde beigebracht, dass Fasten eine geistliche Version der Druckausübung ist, sozusagen um Gott den Arm hinter dem

Rücken zu verdrehen, wenn man etwas Besonderes von ihm will. Natürlich stimmt das nicht. Alles, was er in unser Leben hineingeben will, wurde an himmlischen Orten bereits ausgesprochen.

Fasten ist eine kraftvolle, geistliche Disziplin, die vielen Zwecken dient. Einer davon ist, dass die Kraft der physischen Welt über uns zerbrochen wird und der geistliche Hunger zunimmt. Beim Fasten wirst du von deinem „Selbst" geleert, damit du nach den Dingen Gottes hungern kannst.

Zweifellos konnten die Jünger eine gewisse geistliche Autorität ausüben. Doch als sie gebeten wurden, einen Dämon aus einem besessenen Kind auszutreiben, fehlte ihnen die Kraft es zu tun (Markus 9,14-29). Doch als Jesus zu dem Dämon sprach, verließ er das Kind umgehend.

Diesbezüglich stellen die Jünger eine Frage: „Warum konnten wir ihn nicht austreiben?"

Und als er in ein Haus getreten war, fragten ihn seine Jünger für sich allein: Warum haben wir ihn nicht austreiben können? Und er sprach zu ihnen: Diese Art kann durch nichts ausfahren als nur durch Gebet und Fasten. (Markus 9,28-29)

Obwohl sie ein gewisses Maß an geistlicher Autorität erreicht hatten, gab es noch höhere Bereiche, nach denen sie Ausschau halten mussten. Um diese zu erreichen, sollten sie einen Hunger danach entwickeln.

Ein altes Sprichwort lautet: „Ein hungriger Mensch hat keine Manieren." Ein Freund von mir hat dies in der Cafeteria eines großen öffentlichen Krankenhauses selbst miterlebt. Als eine einfühlsame Person ein Mittagessen für einen Obdachlosen kaufte, begann dieser seine Hände zu benützen, um den Hackbraten und die Kartoffeln in seinen Mund zu stopfen. Auch wenn es für die anderen um ihn herum ein echter Hingucker war, achtete der hungrige Mann überhaupt nicht darauf.

Und das ist es, was die Gemeinde braucht: einen Hunger, der uns so weit treibt, dass wir unsere Sonntagvormittag-Manieren loslassen und uns in sein Wort und seine Herrlichkeit hineingraben, bis unsere ausgehungerten Geister von seinem lebensspendenden Geist absorbiert werden.

6. Gläubige haben schwachen Glauben

In der Natur wächst nichts ohne Nahrung. Tierisches Leben, pflanzliches Leben, mikroskopisches Leben – alle Lebensformen brauchen Nahrung. Die Ernährungsart hängt davon ab, was das Wesen am Leben hält.

Der Geist wird ernährt, indem wir Gottes Wort lesen und ihm dienen. Jesus sagte seinen Jüngern: *„Meine Speise ist, dass ich den Willen dessen tue, der mich gesandt hat, und sein Werk vollbringe" (Johannes 4,34).* Wenn du deinen Geist ernährst, stärkt das deinen Glauben.

„Also ist der Glaube aus der Verkündigung, die Verkündigung aber durch das Wort Christi" (Römer 10,17 ELB 85). Um in geistlicher Autorität wirksam sein zu können, musst du das aufbauende Wort Gottes hören, das deinen Glauben stärkt.

Darum ist die Teilnahme am Gottesdienst von so grundlegender Wichtigkeit. Glaube wächst nicht, wenn er nicht ernährt wird. Und er wird ernährt, wenn wir uns versammeln, um anzubeten, zu dienen, glaubensbildende Botschaften zu hören und glaubensstärkende Worte von Gott zu bekommen.

7. Gläubige sind mit ihren Umständen zufrieden

Schon viel zu lang war die Gemeinde einem Klima ausgesetzt, von dem Gott niemals geplant hatte, dass wir uns darin aufhalten. Auch nachdem wir in sein Bild geschaffen und mit seiner Auferstehungskraft durchtränkt wurden, denken wir weiterhin entsprechend unserer menschlichen Schwächen. Wir tolerieren geistliche Anämie, anstatt in unserer neu gefundenen Kraft zu wandeln.

Veränderung ist schwierig. Wir vermeiden es, weil es für uns unbequem ist. Ein Wort der Warnung: Wenn du in höhere Regionen vorstößt, kannst du erwarten, dass du gravierenden Unbequemlichkeiten begegnen wirst. Und wenn sie da sind, denke daran, die entsprechende Akklimatisation für die neue Höhe vorzunehmen.

Deine neue Höhe kann so unerträglich werden, dass du es in Betracht ziehen wirst, wieder auf ein niedrigeres Level zurückzukehren. Tu es nicht! Erinnerst du dich an die meckernden Israeliten? Statt sich mit der Veränderung einhergehender Unbequemlichkeiten zurechtzufinden, sehnten sie sich sogar zu den brutalen Sklaventreibern zurück.

Und alle Söhne Israel murrten gegen Mose und gegen Aaron ...: Wären wir doch im Land Ägypten gestorben, oder wären wir doch in dieser Wüste gestorben. Wozu bringt uns der HERR in dieses Land? Damit wir durchs Schwert fallen ...? Wäre es nicht besser für uns, nach Ägypten zurückzukehren?
(4. Mose 14,2-4)

Ägypten war eine üble Erfahrung; aber zu ihrem gewohnten Standard zurückzukehren erschien wünschenswerter als den Jordan ins verheißene Land zu überqueren.

Da haben sich viele Gläubige angesiedelt. Sie sitzen auf ihrer Bank im Basiscamp und alles was sie sehen können, sind die Gefahren des Khumbu-Eisbruchs. Lieber warten sie auf die Rückkehr Jesu, als dass sie mutig auf unbekannte, neue Ebenen vorstoßen.

Die gute Botschaft ist, sobald deine Füße das Eis einmal betreten, wirst du feststellen, dass Gott bereits eine Strategie ausgearbeitet hat, wie er dich über unbekannte Landstriche zu neuen Höhen bringt. Indem du sein wunderbares Netzwerk von „Seilen und Leitern" erkennst, kannst du zuversichtlich mit dem Wissen, dass Gott dir schon vorausgegangen ist, auf die nächste Erhöhung klettern.

4 – Warnung: Rutschiges Gefälle liegt vor dir

Wie bereits erwähnt: der Khumbu-Eisbruch ist extrem gefährlich, weil der Gletscher sich ständig bewegt. Er verschiebt sich täglich ungefähr einen Meter Richtung Basiscamp zu. In dieser Geschwindigkeit können Eistürme, die so hoch sind wie zwölfstöckige Gebäude, jederzeit ohne Vorwarnung herunterbrechen. Lawinen und fallende Eisblöcke sind normal. Schneebrücken, die darunterliegenden tödlichen Schluchten verbergen, können sich bilden.

In diesem ersten Stadium der Besteigung des Everest kehren viele entweder um oder sie verlieren ihr Leben. Man braucht weise, begabte Navigatoren, um das Camp eins zu erreichen, das direkt über dem Eisbruch liegt.

Wahre geistliche Autorität ist der fehlende Schlüssel in der Gemeinde, um Gottes Königreich zu etablieren. Ein tiefes Verständnis über dieses essenzielle Element ist unbedingt notwendig. Verliere nicht deinen Halt auf diesem schlüpfrigen Gefälle, wenn du dich auf diese Reise begibst.

Das überraschende Element geistlicher Autorität

Viele meinen zu wissen, was geistliche Autorität ist, aber vieles von unseren Vorstellungen ist verzerrt. Die Modelle, denen wir normalerweise ausgesetzt sind, heißen: „Wer ist der Chef?"

Wahre geistliche Autorität herrscht **nicht** über den anderen. Ihre Basis ist grundlegend anders, was seit Jahrhunderten die religiösen Leiter verwundert hat.

*Und sie kommen wieder nach Jerusalem. Und als er in dem Tempel umherging, kommen die Hohepriester und die Schriftgelehrten und die Ältesten zu ihm und sagen zu ihm: In welcher **Vollmacht** tust du diese Dinge? Oder wer hat dir diese **Vollmacht** gegeben, dass du diese Dinge tust?*
(Markus 11,27-28)

Diese „Dinge", bezüglich derer Jesus hier befragt wird, waren drei Dimensionen von geistlicher Autorität, die er in den vorhergehenden Tagen demonstriert hatte.

- **Autorität über Ressourcen:** Mit den einfachen Worte *„Der Herr braucht es"* sollten zwei Jünger ein Eselsfüllen herbeiführen, auf dem noch niemand geritten war sicherstellen (Markus 11,1-3). Und das Erstaunliche: aufgrund der Autorität Jesu über Ressourcen gab der Besitzer das Füllen den Jüngern. Man könnte heutzutage den Wert eines Füllens mit dem Anschaffungspreis eines Neuwagens vergleichen.

- **Autorität über Zeiten:** Jesus verfluchte den Feigenbaum, der nicht ausreichend Frucht für ihn brachte – und das obwohl es nicht die Zeit für Feigen war – und er starb sofort (Markus 11,12-14). Auch wenn uns das unfair erscheinen mag, es lag daran, dass der Baum nicht in Ausrichtung mit geistlicher Autorität war.

- **Autorität über dämonische und religiöse Systeme** (die eng miteinander verbunden sind): Jesus flocht eine Peitsche und vertrieb die Geldwechsler aus dem Tempel (Markus 11,15-17). Da die Geldwechsler im Tempel in weit größerer Anzahl waren als Jesus, hätten sie sich weigern können, ihm zu gehorchen. Die Tatsache, dass sie gehorchten, war so nervenaufreibend für ihre Vorgesetzten, dass sie die Quelle von Jesu Autorität hinterfragten (Markus 11,27-28). Warum hatten diese Händler der Autorität von Jesu ausgesprochenen Worten nachgegeben? Es ist deine Stimme – nicht deine Position – die bestimmt, welche geistliche Autorität du tatsächlich hast.

Zuerst Natürliches Verstehen

Wenn wir weltliche Autorität betrachten, verstehen wir die vielen Dimensionen von geistlicher Autorität viel deutlicher. Natürliches zu verstehen hilft immer dabei, um Geistliches erfassen zu können (1. Korinther 15,46).

Wir wissen beispielsweise, dass wenn ein natürliches Maiskorn in den Boden fällt und stirbt, es sprossen und dann zu einem Maisstängel heranwachsen wird, in dem unzählbare künftige Generationen Mais stecken. Durch das von Jesus benutzte Beispiel für die Auferstehung aus dem natürlichen Bereich, verstehen wir leichter, dass sein Tod, sein Begräbnis und seine Auferstehung uns Errettung und ewiges Leben erkauft haben. Es ist viel leichter das Geistliche zu erfassen, wenn wir vorher das Natürliche verstanden haben.

Alle Elemente in den zwölf verschiedenen Arten weltlicher Autorität können in den zwölf Dimensionen geistlicher Autorität gefunden werden, bis auf eine.

1. **Funktionale Autorität:** Es ist die Autorität, die wir bekommen, um uns gegenseitig zu helfen, richtig zu

funktionieren. Wie zum Beispiel die Art der Autorität, die Eltern über ihre Kinder haben.

2. **Überzeugende Autorität:** Wer andere dazu inspiriert, ihre Leiterschaft anzunehmen, wirkt in überzeugender Autorität. Wenn man beispielsweise jemanden davon überzeugen kann auf einer anderen Strecke zum Footballspiel zu fahren, weil sonst auf dem Weg zu viel Verkehr ist.

3. **Gesetzgebende Autorität:** Diese Autorität wird von unserem Regierungssystem etabliert. Wir gehorchen dieser Autorität, weil es das Gesetz fordert. Ihr nicht zu gehorchen resultiert in unangenehmen Konsequenzen.

4. **Delegierte Autorität:** Es ist eine Autorität, die von einer Person an eine andere delegiert wird. Wenn der Chef dich befördert und du in der Firma eine neue Aufgabe übernimmst, wird gleichzeitig auch die notwendige Autorität an dich delegiert, die du brauchst, dass du diese Aufgabe erfüllen kannst.

5. **Hierarchische Autorität:** Diese Autorität wird beispielsweise von einem Angestellten ausgeübt, weil er innerhalb einer bestimmten Organisation und Hierarchie einen bestimmten Titel verbunden mit einer bestimmten Position trägt.

6. **Fachliche Autorität** wird da gewährt, wo eine bestimmte Expertise gefragt ist. Wir ordnen uns der Autorität eines Piloten oder operierenden Arztes unter, weil er die erforderliche praktische Fachkenntnis dafür besitzen.

7. **Ausgehandelte Autorität:** Diese Form der Autorität wird übertragen, nachdem Parameter und Richtlinien besprochen wurden. Haben beispielsweise ein Ehemann und

seine Frau Arbeitsplätze außerhalb der gemeinsamen Wohnung, treffen sie eine Übereinstimmung darüber, wie die Aufgaben im Haushalt aufzuteilen sind.

8. **Traditionelle Autorität:** Die traditionelle Autorität wird in Gesellschaften sichtbar, in denen Verantwortung gemäß der kulturellen Praxis verteilt wird.

9. **Charismatische Autorität** bekommt derjenige, der in hoher Achtung steht. Martin Luther King jr. und Jim Jones übten beide charismatische Autorität aus. Beide mit völlig unterschiedlichen Resultaten.

10. **Beziehungsbezogene Autorität** ist eine Form der Autorität, die enge Freunde oder Familienmitglieder aufgrund ihrer Beziehung zu uns bekommen. Da diese Autorität die Erfüllung deiner Bestimmung tief und direkt beeinflusst, ist es möglicherweise die wichtigste Form weltlicher Autorität in deinem Leben.

11. **Natürliche Autorität:** Sie ist eine vorher existierende gesetzgebende Autorität, die als rechtmäßig anerkannt wird. Innerhalb einer Gesellschaft ist es die „selbstverständliche" Autorität, dass man für Gleichberechtigung und faire Behandlung aller in dieser Gesellschaft lebenden Personen eintritt.

12. **Erzwungene Autorität** ist die einzige Autorität, für **die es im Reich Gottes kein Gegenstück gibt.** Es geht um eine Autorität, die mit Zwang auferlegt wird, beispielsweise durch einen Mobber in der Schule oder einen Diktator. Es ist überraschend, dass einem genau diese Form der Autorität in den Sinn kommt, wenn wir über geistliche Autorität sprechen. Achtung! Diejenigen, die in die gefährlichen Klüften dieses rutschigen Gefälles erzwungener

Autorität stolpern, werden es nicht schaffen, die Erhöhung, die Gott für sie geplant hatte, zu erfahren.

Die geistliche Autorität, von der Gott möchte, dass wir sie einsetzen, ermächtigt zu Folgendem:

- Entscheidungen zu treffen und Strategien anzuwenden, die unsere Leben und sein Königreich beeinflussen, um die Mission der Gemeinde zu erfüllen

- Ressourcen des Himmels hervorzurufen und sie dafür einzusetzen, Gottes Königreich und seine Bestimmung zu finanzieren

- Widerstände anzusprechen und auszuräumen, die sich der Bestimmung und Ausbreitung des Königreiches entgegenstellen

Die Tat von Paulus, die auf stärkste geistliche Autorität gegründet war

Eines der besten Beispiele im Bezug auf die Ausübung wahrer geistlicher Autorität sehen wir bei Paulus, dem Apostel. Überall wo er hinging, sprach er mit Autorität zu Krankheit und Dämonen – und sie gehorchten ihm. Doch selbst diese gewaltigen Taten waren nicht die mächtigsten, die seine Autorität repräsentieren.

Seine Autorität wurde am deutlichsten, als er Widerstand aus Antiochien erfuhr. Er hatte den Ältesten in Jerusalem die Anfrage der bekehrten Heiden zum Thema Beschneidung unterbreitet. Die Ältesten in Jerusalem sollten nun darüber richten, ob diese Lehre richtig war oder nicht (Apostelgeschichte 15).

Er war zu diesem Zeitpunkt bereits der Autor von über der Hälfte des Neuen Testaments geworden. Er hatte eine persönliche Offenbarung des auferstandenen Jesus gehabt und war er für das Evangelium geschlagen worden, im Gefängnis gewesen und hatte mehrfach Schiffbruch erlitten. Und dennoch zeigt die Tatsache, dass er diese Anfrage der Heiden über die Beschneidung der Autorität des jüdischen Rates in Jerusalem unterbreitete, eine Haltung wahrer Dienerschaft auf.

Im Natürlichen hätte Paulus daher jedes Recht gehabt dagegen zu argumentieren: „Weil ich es sage, basta!" Aber das geschah kein einziges Mal, weil er selbst ein Mann war, der sich Autorität unterstellte.

Wahre geistliche Autorität herrscht nicht über jemand anderen. Ihr Fundament ist das Dienen und die freiwillige Unterordnung, wie es im Dienst Jesu dargestellt wird. Die Leiter, die Jesu Autorität hinterfragten, waren von der Quelle seiner Autorität überrascht. Aufgrund der erzwungenen Autorität, die sie ausübten und verstanden, konnten sie Jesu Art der Rechtsprechung nicht nachvollziehen.

Die wahre Bedeutung von geistlicher Autorität kann man mit dem Anschnallen eines Steigeisens vergleichen. Sie ist wie eine mit Spikes besetzte Eisenplatte unter den Stiefeln des aufsteigenden Bergsteigers, die verhindert, dass er abrutscht. Man kann damit sicheren Fußes den vereisten Aufstieg überqueren. Der Rest dieses Buches wird sich eingehend mit den Dimensionen geistlicher Autorität befassen und wie man sie bezwingen kann. Bring die Dinge mit, mit denen du bereits ausgestattet bist. Und denke daran: Rennen ist nicht erlaubt!

5 – Für mehr geschaffen!

Aufgrund zweier potenziell tödlicher Höhenkrankheiten, dem Höhenhirnödem (HACE) und dem Höhenlungenödem (HAPE), sind weise Kletterer extrem vorsichtig dabei, nicht zu schnell aufzusteigen. Erst nachdem ihre Körper sich der aktuellen Höhe angepasst haben, besteigen sie den Everest sehr langsam weiter.

Ähnlich muss jede Dimension geistlicher Autorität beherrscht werden, bevor man zur nächsten Ebene fortschreitet. Man kann auch mit bestimmten Formen von „Höhenkrankheiten" rechnen, die im letzten Kapitel noch thematisiert werden. Genauso wie manchmal zu bestimmten Jahreszeiten anhaltende Wirbelstürme auf der Spitze des Everest wüten, wirst du wissen, dass du in der richtigen Richtung unterwegs bist, wenn die stürmischen Winde zu wehen beginnen.

Wahres Leben gemäß dem Königreich

Errettung ist nicht der Höhepunkt deiner geistlichen Suche. Auch wenn das Wärmen der Sitzbank am Sonntagmorgen die Berufung vieler zu sein scheint, haben viele von ihnen noch nicht einmal ihre Rucksäcke gepackt! Sie haben keine Ahnung davon, welche wunderschönen Panoramen sich direkt hinter dem Basiscamp befinden und du kannst darauf wetten, dass sie niemals jemanden dazu verlocken, dem Königreich beizutreten.

Echtes Leben im Königreich ist ein ständiges Abenteuer. Es ist ein beständiges Vorwärtsschreiten auf neue Höhen, die man erreicht, indem man ein neues Level von geistlicher Autorität erreicht. Errettung ist lediglich die erste Sehenswürdigkeit auf dem Berg.

Jesus versprach:

In dem Haus meines Vaters sind viele Wohnungen; wenn es nicht so wäre, hätte ich es euch gesagt; denn ich gehe hin, euch eine Stätte zu bereiten. (Johannes 14,2)

Das Wort „Wohnungen" in dieser bekannten Schriftstelle bedeutet wortwörtlich „Orte, an denen man wohnen kann" in den verschiedenen Dimensionen des Königreichs. Manche entscheiden sich im Basiscamp der Errettung zu bleiben, während andere ihre Steigeisen anschnallen und mutig weitere Höhen anstreben.

Um von einem Ort zum nächsten zu gelangen, benötigen wir den richtigen Schlüssel:

Ich werde dir die Schlüssel des Reiches der Himmel geben; und was irgend du auf der Erde binden wirst, wird in den Himmeln gebunden sein, und was irgend du auf der Erde lösen wirst, wird in den Himmeln gelöst sein.
(Matthäus 16,19)

Das ist eine der Schriftstellen, die mich dazu drängt, die Tradition herauszufordern. Jahrzehntelang hat Religion gelehrt, dass verschiedene Schlüssel erforderlich sind, um errettet zu werden, was total falsch ist. Jesus sagte:

*Ich bin **die** Tür; wenn jemand durch mich eingeht, so wird er errettet werden und wird ein- und ausgehen und Weide finden. (Johannes 10,9)*

Man braucht nicht mehrere Schlüssel, um eine einzige Türe zu öffnen! Jesus Christus ist die einzige Türe, die es erlaubt, dass wir Zutritt zum Königreich erhalten. Doch jetzt, wo wir einmal drinnen sind, benötigt es mehrere Schlüssel, um zu den vielen Wohnungen beziehungsweise geistlichen Dimensionen zu gelangen, die auf uns warten.

Die Übersetzung des Wortes „was irgend" bedeutet wortwörtlich „falls" oder „wenn". Um es also anders auszudrücken:

„Ich gebe dir die Schlüssel des Reiches der Himmel; damit – wenn oder falls – du die Schlüssel hast, du die Dinge binden oder lösen kannst."

Jede Dimension hat ihren eigenen Schlüssel, den Jesus uns geben muss. Höhere Ebenen geistlicher Autorität zu erschließen und dort bleiben zu können, erfordert, dass du religiöse Regeln mit Heilig-Geist-Offenbarung ersetzt.

Du hast einen Feind!

Hier ist das Problem bei der Ausübung geistlicher Autorität: Der Feind plant einen Komplott gegen alles, was Gott in deinem Leben tun will, um dich dadurch auf einen Umweg zu bringen. Täusche dich nicht: Ein böser Feind schmiedet Pläne, um dir zu schaden!

Man kann das mit folgender Geschichte vergleichen: Ein Mann saß in der Post und klebte systematisch „Love"-Briefmarken auf hellrosa Briefumschläge voller Herzchen. Ein Kunde in der Nähe wurde neugierig und fragte ihn, was das mit den Briefmarken und Umschlägen auf sich habe. Der Mann antwortete: „Ich versende 1 000 Karten, auf denen ‚Ich liebe dich', mit dem Zusatz: ‚Rate mal wer?' steht."

„Ja und warum?", fragte der Danebenstehende.
„Ich bin Scheidungsanwalt."

Ehre, wem Ehre gebührt

In dem Gleichnis über das Unkraut bestätigt Jesus, dass wir einen Feind haben, dessen Ziel es ist, uns zu zerstören.

Ein anderes Gleichnis legte er ihnen vor und sprach: Das Reich der Himmel gleicht einem Menschen, der guten Samen auf seinen Acker säte. Während aber die Leute schliefen, kam sein Feind und säte Unkraut mitten unter den Weizen und ging davon. Als nun die Saat wuchs und Frucht ansetzte, da zeigte sich auch das Unkraut. Und die Knechte des Hausherrn traten herzu und sprachen zu ihm: Herr, hast du nicht guten Samen in deinen Acker gesät? Woher hat er denn das Unkraut? Er aber sprach zu ihnen: **Das hat der Feind getan.** *(Matthäus 13,24-28 SCH)*

Wenn Schlimmes geschieht, schauen die Menschen bei der Schuldzuweisung oft in die falsche Richtung. Sie sagen dann: „Warum hat Gott das zugelassen?" Das Einzige, was der Feind noch mehr liebt als Böses zu säen ist es, Menschen davon zu überzeugen, dass man Gott dafür die Schuld geben kann.

Der Feind will dich davon abhalten, den Wohlstand zu genießen, den Gott für dich geplant hat. Deswegen musst du lernen geistliche Autorität auszuüben, um erhoben zu werden.

Der Sumpf von Tradition und Religion

Zusammen mit dem aggressiven Widerstand des Feindes haben sich auch Religion und Tradition darauf verschworen, die Erfüllung deiner Bestimmung zu verhindern. Während die Tradition dich dazu bringt, neue Methoden und Ideen abzulehnen, hält dich Religion davon ab zu glauben, dass Gott dich dazu bevollmächtigen kann, in geistlicher Autorität zu wirken.

Im 18. Jahrhundert lehnte der Prediger John Wesley, die Tradition der Church of England, dass eine Predigt nur am Sonntagmorgen von einem Kirchenpult aus gepredigt werden könnte. Seine „Open-Air"-Gottesdienste für die Massen waren der Anfang für das, was wir heute die Methodisten nennen.[4]

Zweihundert Jahre später entflammte Martin Luther die Reformation in Deutschland, indem er öffentlich die Lehren der katholischen Kirche verwarf. Weil er sich ohne religiöse Vorgaben für Gottes Wort öffnete, wurde er exkommuniziert, als Gesetzloser tituliert, und schließlich der Begründer des protestantischen Glaubens.[5]

Als Wesley und Luther die Tradition und Religion nicht länger tolerieren konnten oder den normalen Status quo nicht mehr akzeptieren konnten, preschten sie auf das nächste Level vor. Als Ergebnis wurden zahlreiche Menschen dazu gebracht, die *„unausprechlichen Reichtümer von Gottes Gnade, die uns in seiner Freundlichkeit durch Jesus Christus ausgedrückt wird",* kennenzulernen. Das ist Gottes Bestimmung für die Erhebung!

Jetzt reichts!

In einem stark bewohnten Gebiet in Indien, in dem vorwiegend Hindus und Muslime leben, habe ich Freunde im Dienst, deren christliche Pastoren regelmäßig geschlagen und ins Gefängnis geworfen werden. Der Sohn einer dieser Familien hatte als Kind Polio und musste Schienen an den Beinen tragen. Ihre Nachbarn hassten die Familie wegen ihres christlichen Glaubens und machten sich über sie lustig.

---

[4] http://en.wikipedia.org/wiki/John_Wesley

[5] http://en.wikipedia.org/wiki/Martin_Luther

Eines Tages provozierte eine Frau die Mutter: „Was für einem Gott dient ihr da? Wäre dein Jesus so, wie du es sagst, würde er deinen Jungen heilen."

Muss ich noch erwähnen, dass diese Mutter sauer wurde? Verärgert lief sie ins Haus, zog die Schienen von den Beinen ihres Sohnes weg und sagte zu Gott: „Da ist er! Entweder du heilst ihn oder du nimmst ihn!" (Ich frage mich, was der Sohn wohl in diesem Moment dachte.)

Es reichte ihr jetzt einfach. Sie hatte die Nase voll vom Status quo, stand auf und nahm Autorität über diese Krankheit. Manchmal müssen extreme Situationen geschehen, damit Gläubige an den Punkt gelangen, in denen sie bösen geistlichen Mächten erwidern: „Jetzt reichts! Ich werde mir das nicht länger gefallen lassen. Hier ist Schluss!"

Ihr Sohn wurde nicht nur geheilt, sondern es entstand auch ein geistlicher Durchbruch. Eine der größten Erweckungen in diesem Land können auf eine Mutter zurückgeführt werden, die wütend ihre Autorität als Gläubige ausgeübt hatte.

Manche glauben vielleicht fälschlicherweise, dass in dem Moment, in dem diese Mutter betete, sie Gott davon überzeugte, ihren Sohn zu heilen. Sie musste Gott nicht davon überzeugen, ihn zu heilen. Er hatte sich schon entschieden ihn zu heilen, bevor er überhaupt geboren wurde. Als Jesus dem römischen Soldaten vor 2 000 Jahren erlaubte, seinen Rücken mit Peitschen zu schlagen, erkaufte er bereits die Heilung für unsere Körper.

Weil Heilung schon da war, musste sie einfach nur aufstehen, ihre Autorität an sich reißen, sie anwenden und sich weigern, sie wieder loszulassen!

Es ist Zeit, an den Türklinken zu rütteln

Obwohl sie Ureinwohner der Khumbu-Region waren, hatten die Sherpas nie den Mount Everest bestiegen, bis die Bergsteiger kamen. Die Tradition lehrte, dass in den höheren Regionen die Wohnstätten der Götter seien und dass es gefährlich sei, die Götter, die dort herrschten, zu stören, also blieben sie in der Sicherheit der tiefer liegenden Gebiete.[6]

Die religiöse Tradition hat Christen so ziemlich dasselbe beigebracht: Nimm einfach den Status quo an, bleibe im Basislager, rüttle nicht an den Türklinken. Halte deinen Sitzplatz warm, bis Jesus zurückkommt.

Aber Gott sagt, dass du für mehr geschaffen wurdest. Du wurdest in seinem Bild geschaffen, um die höchsten Regionen seines Königreichs zu bewohnen. Orte, die schon lange vorbereitet wurden. Und die Schlüssel zu den vielen Wohnorten findest du auf den folgenden Seiten. Also, auf gehts ... dreh den Schlüssel um!

---

[6] http://adventure.nationalgeographic.com/adventure/everest/everest-quiz

6 – Schlüssel im Königreich: Gewinne Autorität über geistliche Dimensionen

Erhebung geschieht, wenn du zuerst Autorität über dein eigenes Leben und dann über die zwölf geistlichen Dimensionen einnimmst, die in den folgenden Kapiteln erwähnt werden. Autorität über dein eigenes Leben zu nehmen bedeutet, den Feind frontal zu konfrontieren und ihm dann zu sagen, dass du auf deinem Weg zu einer neuen Ebene bist.

Wenn ich sage: „Sage es ihm!", dann meine ich es auch genau so. Nütze die Kraft, die in deiner Stimme wohnt. Öffne deinen Mund und deklariere, dass Gottes Plan für dein Leben kurz davor ist, sich zu manifestieren. Nein, dem Feind wird es nicht gefallen, aber was kann er denn schon dagegen machen?

Seid nüchtern und wacht! Denn euer Widersacher, der Teufel, geht umher wie ein brüllender Löwe und sucht, wen er verschlingen kann ... (1. Petrus 5,8)

Es besteht ein großer Unterschied zwischen „kann" und „darf". Können bezieht sich auf die Frage nach der Fähigkeit, während dürfen eine Frage der Erlaubnis ist. Im oben genannten Vers sagt Petrus nicht nur, dass du einen Feind hast, er warnt dich

50 Schlüssel im Königreich: Gewinne Autorität über geistliche Dimensionen

auch, dass du dich aufmerksam vor ihm zu schützt (nüchtern und wachend).

Der Feind wird dich niemals um Erlaubnis bitten, dein Leben zerstören zu dürfen. Und Gott wird dem Feind auch nicht die Erlaubnis erteilen, seine Kinder zu verletzen oder zu zerstören. Diese Erlaubnis kann nur von **dir** kommen. Aber wenn du ihm so eine Erlaubnis geben kannst, heißt das, dass du es ihm auch verbieten kannst.

Möglicherweise könnte es dein allererstes Ausüben geistlicher Autorität sein, dem Feind zu verbieten in dein Leben hineinzuwirken. Er wird vielleicht wütend knurren, fauchen und die Zähne fletschen, aber ohne deine Zustimmung kann er dich nicht antasten.

Die Schlüssel des Königreichs, die Jesus in Matthäus 16,19 versprochen hat, um geistliche Dimensionen zu erschließen, nennt man Durchbrüche. Sobald du verstehst, dass die sichere Ausübung deiner Autorität dir hilft, in höhere Dimensionen vorzudringen, wird dir keine Tür mehr verschlossen bleiben.

Die Ebenen von geistlicher Autorität sind eigentlich wie Stufen im Haus unseres Vaters, die jeweils viele Orte zum Wohnen beinhalten. Allerdings wirst du nicht von Stufe eins auf die Spitze gelangen. Du beginnst, indem du einen Schritt vor den anderen setzt und dich strategisch weiter und weiter nach oben begibst. In den nächsten Kapiteln geht es um persönliche Offenbarung und meine Beobachtung von anderen Gläubigen, die in diesen geistlichen Dimensionen nach oben gekommen sind.

Gott hat dich ja schon erhoben und dich „mit Christus an himmlischen Orten sitzen" lassen. Wenn du deine Autorität im Geist einnimmst, wirst du Zugang zu jeder Dimension bekommen können. Die folgenden Seiten werden dir genau erklären, wie man das tut.

7 – Autorität über dich selbst

„Heraus aus dem Schlamm"

Er hat mich heraufgeführt aus der Grube des Verderbens, aus kotigem Schlamm; und er hat meine Füße auf einen Felsen gestellt, meine Schritte befestigt.
(Psalm 42,2)

Autorität über dich selbst zu haben ist die Basis für deinen Aufstieg – die erste Dimension der geistlichen Autorität, die du im Griff haben musst. Unsere Füße müssen im Geist auf dem Felsen stehen und dann vertieft und gefestigt werden, indem wir Autorität über das Fleisch, die Gefühle und die Gedanken nehmen. Um in den aufeinander aufbauenden Dimensionen Durchbrüche zu erleben, ist es immer notwendig, dass zuerst unsere „Schritte gefestigt" sind.

Aufgrund der Gefahr geistlichen Missbrauchs fordert Gott von dir, dass du Autorität über dich selbst ausüben kannst, bevor er dir höhere Dimensionen anvertraut. Für diejenigen, die es nicht schaffen sich selbst zu überwinden, ist es viel wahrscheinlicher in eine zwanghafte Autorität zu rutschen, die in ihrem Kern sektiererisch ist. (Richtig, ich habe sektiererisch gesagt!)

Geistliche Durchbrüche geschehen nicht auf diesem ersten Level. Vielmehr bereiten sie dich für die Durchbrüche in allen anderen geistlichen Dimensionen vor.

Du kannst treu den Zehnten geben, in die Gemeinde gehen, lernen zu beten, einen Hauskreis leiten oder so starken Lobpreis machen, dass es den Thron des Himmels erschüttert. Aber so lange du nicht Autorität über dich selbst hast, wirst du im Vorhof des Hauses Gottes hängen bleiben. Selbst wenn du durch die Türe eingetreten bist, werden sich dir ohne die richtigen Schlüssel die Türen nicht öffnen.

Mehr als das Fleisch

Die Religion hat Autorität über sich selbst immer mit dem „Zähmen fleischlicher Lüste" gleichgestellt. Aber das ist nur ein Teil des „Selbst" und steht nicht im Zusammenhang mit dem Aufsteigen.

Das kraftvolle Werkzeug des Fastens ist mehr als nur eine körperliche Übung. Fasten involviert deine Gedanken und Gefühle. Falls du damit nicht einverstanden bist, versuche einmal ein paar Tage von deinem Lieblingsessen zu fasten. Du wirst dich schon bald nach deinem Langustenküchlein sehnen und Tagträume darüber haben, dazu musst du nicht einmal körperlich hungrig sein.

Durch ihre strikten Rituale unterdrückten die Pharisäer viele ihrer fleischlichen Gelüste, aber im Königreich machten sie keinerlei Fortschritte. Über sich selbst Autorität zu nehmen bedeutet, dass wir ein vom Geist kontrolliertes Leben führen, und das war ihnen unmöglich.

So wie die guten religiösen Leiter jeden Zeitalters machten die Pharisäer nach außen hin ebenfalls alles richtig. Aber Jesus sah den erbärmlichen Zustand ihrer Gedanken und Gefühle:

> *Wehe euch, Schriftgelehrte und Pharisäer, [ihr] Heuchler! Denn ihr gleicht übertünchten Gräbern, die von außen zwar schön scheinen, innen aber voll von Totengebeinen und aller Unreinigkeit sind. (Matthäus 23,27)*

Jesus nahm nie ein Blatt vor den Mund. Er riss die Fassade dieser religiösen Pharisäer ab und sagte öffentlich, dass sie nicht mehr waren als dreckige Gräber, die voller verrottender Totengebeine sind.

Ein vom Geist kontrolliertes Leben, das von Religion nie erfasst werden kann, geht an die Quelle des Problems.

So wie Paulus schrieb:

> *Die aber des Christus sind, haben das Fleisch gekreuzigt samt den Leidenschaften und den Begierden.*
> *(Galater 5,24)*

Es sind diese Begierden des Fleisches „mit seinen Leidenschaften" (oder Gefühlen), mit denen wir es zu tun haben. Gefühle entspringen unseren Gedanken. Um also das Fleisch zu überwinden, müssen wir zuerst unsere Gedanken und Gefühle kontrollieren.

Drei Dinge werden dir helfen, deine Autorität in dieser ersten geistlichen Dimension zu erreichen.

1. Wähle deine Freunde sorgfältig und zielbewusst aus

Ich kann gar nicht genug betonen, wie wichtig es ist, welchen Personen du erlaubst dich zu beeinflussen. Male dir vor Augen, was geschah, als folgende Personen die falschen Freunde wählten:

- Aufgrund des Drängens eines „Freundes" vergewaltigte Ammon, der Sohn von König David, seine eigene

Schwester. Zwei Jahre später tötete ihn dann sein Bruder Absalom für diese Schandtat (2. Samuel 13).

- „Freunde" des verlorenen Sohnes überzeugten ihn davon, eine Entscheidung zu treffen, die ihn in den finanziellen, körperlichen, emotionalen und geistlichen Ruin führten. Ohne die Liebe seines Vaters hätte der verlorene Sohn weiterhin mit den Schweinen Abfall gegessen und wäre umgekommen (Lukas 15,11-25).

- Da er die falschen „Freunde" wählte, verspielte Demas, ein Jünger und möglicherweise potenzieller Nachfolger für Paulus, seine Bestimmung und verließ den Apostel (2. Timotheus 4,10).

Die meisten von uns finden es schwer, die richtigen Freunde zu wählen, weil unser Gedankengut so verdreht ist.

Wir gehen davon aus, dass Freunde
- genauso denken wie wir
- niemals etwas sagen werden, das uns verletzt
- mit uns den ganzen Weg gehen, auch in den Abgrund und wieder zurück
- immer zusammen Spaß haben

Aber wahre Freunde
- bringen dich ins Gleichgewicht und fordern dich heraus
- haben genug Liebe für dich, dass sie dir die Wahrheit sagen, auch wenn es dir wehtut
- halten dich davon ab, in den Abgrund zu fallen – wenn nötig auch mit Gewalt
- lachen – und weinen – mit dir zusammen

2. Schule deine Gedanken

In seiner unendlichen Gnade und Liebe fand Gott dich, als du verloren, jämmerlich und zerbrochen warst. Nicht du hast nach Gott gesucht, er kam und hielt Ausschau nach dir! Und rate mal, wo er dich gefunden hat?

Er holt den Armen aus dem Dreck, rettet den Kaputten, der weggeworfen wurde wie Müll.
(Psalm 113,7 Übersetzung der Message-Bibel)

Vielleicht hast du Gott noch nie wie einen Mitarbeiter bei der Müllsortierung betrachtet. Jemand, der auch durch alte Zeitungen, Kaffeesatz und KFC-Behälter stöbert. Denn genau da hat er dich gefunden. Er krempelte seine Ärmel hoch, streckte seine Hand tief in den dunklen Dreck, zog dich heraus, wusch dich im Blut Jesu und schrieb deinen Namen in das Buch des Lebens. Dann setzte er dich mit Christus an himmlische Orte.

Hier ist das Problem: Nachdem du deine Wohnstätte im Müll verlassen hast, möchtest du gerne in deinen alten Gedankenprozessen verweilen. Weil Gott dich in seinem Bild geschaffen hat, haben deine Gedanken, wie auch die seinen, kreatives Potenzial. Wenn deine Gedanken nicht auf dem basieren, was er sagt, dann werden sie eine ganz andere Zukunft schaffen als das, was er für dich vorsah.

Denn wie er in seiner Seele berechnend denkt, so ist er.
(Sprüche 23,7 SCH)

Weil du in eine gefallene Welt hineingeboren wurdest, die von einem gefallenen Herrscher mit tödlichen Ideologien regiert wird, muss dein Gehirn mit belebenden Gedanken und Glaubensmustern neu programmiert werden.

Beachte, was Paulus der Gemeinde in Ephesus schrieb:

„... *dass ihr fortan nicht wandelt, wie auch die Nationen wandeln, in Eitelkeit ihres Sinnes, verfinstert am Verstand, entfremdet dem Leben Gottes wegen der Unwissenheit, die in ihnen ist, wegen der Verhärtung ihres Herzens ... Ihr aber habt den Christus nicht so gelernt ... dass ihr, was den früheren Lebenswandel betrifft, abgelegt habt den alten Menschen, der nach den betrügerischen Begierden verdorben wird, aber erneuert werdet in dem Geist eurer Gesinnung und angezogen habt den neuen Menschen, der nach Gott geschaffen ist in wahrhaftiger Gerechtigkeit und Heiligkeit.*" (Epheser 4,17-24)

Die Wissenschaft hat bewiesen, dass beim neurologischen Prozess Hormone und Chemikalien miteinander in Verbindung kommen und kleine elektrische Ströme produzieren. Gedanken werden durch diese kleinen neurologischen Wege im Gehirn geschaffen.

Man kann es mit der Verdrahtung in einem Computer vergleichen: dein Gehirn ist von einer vom Tod beherrschten Welt programmiert. Das bedeutet, dass deine neurologischen Wege oder deine Denkweise auf eine falsche Art und Weise verdrahtet wurde. Wenn du ins Königreich Gottes kommst, beginnt Gott ein neues Vernetzungssystem einzubauen.

Wenn wir Gottes Wort studieren, werden dadurch neue neurologische Wege geschaffen. Je mehr du sein Wort liest und seine Gedanken denkst, desto tiefer werden diese Wege.

Wenn alles gut geht, steigen deine Gedanken auf diesen neuen Wegen leicht auf und ab. Doch sobald du dich der ersten schwierigen Situation näherst und die Dinge sich erschweren, verfällt dein Gehirn in die ursprüngliche Vernetzung zurück.

In der ganzen Zeit, in der du neue Wege geschaffen hast, sind die alten Wege geblieben. Da auf den neuen Wegen nicht so oft gereist wird wie auf den alten, entscheidet sich das Gehirn den Weg des geringsten Widerstandes zu wählen.

Die gute Nachricht ist, dass Gottes Wort nach und nach die Negativität und die falschen Gedankengänge ersetzt und die neuen Wege sich immer tiefer eingraben. Und schließlich verwirft das Gehirn die alten Muster zugunsten der neuen.

Die Tradition versucht deinen Aufstieg zu verhindern, indem sie daran festhält, dass du die Dinge so betrachtest, „wie sie schon immer gewesen sind". Erlaube niemals, dass die Ausrede „so bin ich eben erzogen worden" Bestand hat. Manche dieser Erziehungsformen waren ganz einfach falsch. Schließlich vergleichst du diese gefallene Welt mit dem Himmel, denn wir **alle** kamen von der Müllhalde!

Falls du dachtest, dass diese Reise einfach werden würde, denke daran:

... sodass wir Vernunftschlüsse zerstören und jede Höhe, die sich gegen die Erkenntnis Gottes erhebt, und jeden Gedanken gefangen nehmen zum Gehorsam gegen Christus. (2. Korinther 10,5-6 SCH)

Das Wort „gefangen nehmen" zeigt auf jeden Fall an, dass dies unsererseits Arbeit bedeuten wird. Gedanken sind nicht nachgiebig oder gehorsam. Wenn sie das wären, hätte Paulus uns ganz ruhig und entspannt angewiesen, unsere Gedanken nach Gottes Wort auszurichten. Stattdessen hat er jedoch einen Kampfbegriff gewählt, der sagt, dass wir gewalttätig jeden Gedanken gefangen nehmen müssen, der Gottes Wort widerspricht.

Manche Wege haben tiefe Spurrillen, manche Traditionen sind tief eingesessen; manche Gedanken verschwinden nicht ohne einen Kampf. Um einen neuen Pfad zu formen, musst du Gottes Wort lesen, denken und sprechen – und es immer und immer wieder tun.

3. Beherrsche deine Gefühle

Ungefähr 85 Prozent unserer Entscheidungen basieren mehr auf Gefühlen als auf Logik. Da Entscheidungen den Kurs deines Lebens bestimmen, sind diese Statistiken aus dem Bereich der Psychologie erschreckend.

Wenn so viele Entscheidungen des Lebens auf Emotionen statt auf dem Verstand beruhen, wie sicher kannst du dann sein, dass der Weg, auf dem du unterwegs bist, in die von Gott vorhergesehene Richtung führt?

Wir beherrschen unsere Emotionen, indem wir unsere Gedanken kontrollieren. Wie wir es schon aufgezeigt haben, werden Gedanken kontrolliert, indem wir sie zielgerichtet nach Gottes Wort ausrichten. Autorität über seine Gefühle zu besitzen ist definitiv ein Zeichen geistlicher Stärke.

Besser ein Langmütiger als ein Starker, und wer sich selbst beherrscht, als wer eine Stadt bezwingt.
(Sprüche 16,32)

Doch auch das Gegenteil ist wahr.

Wie eine Stadt mit niedergerissenen Mauern, so ist ein Mann, der seinen Geist nicht beherrschen kann.
(Sprüche 25,28)

Wenn du dir selbst erlaubst, von deinen Gefühlen kontrolliert zu werden, ist das nichts anderes als Zauberei, die definiert wird als: emotionale Manipulation von Gedanken und Handlungen. Gefühle haben mit deiner Errettung und deiner Position in Christus nichts zu tun. Darum ermahnt Paulus uns „im Glauben und nicht im Schauen" zu wandeln (2. Korinther 5,7).

Wenn du Entscheidungen nur entsprechend deiner Emotionen fällst, kannst du dadurch dein Leben zerstören. Wenn Logik und Gefühle bei dir nicht in Übereinstimmung sind, dann verwirf deine Gefühle und folge der Logik.

Tausend Worte wert

Das Gehirn ist stärker als der effektivste Computer, der jemals von einem Menschen erschaffen wurde. Aber das menschliche Gehirn kann nicht wie ein Computer in abstrakten Terminologien oder Zahlenfolgen denken. Es denkt in Bildern. Schließe deine Augen und denke an jemanden, der dir wichtig ist. Du wirst nicht seinen Namen in Buchstaben gedruckt vor dir sehen. Du wirst sein Gesicht sehen, wie du ihn vom letzten Mal in Erinnerung hast.

Teste diese Theorie bei deiner nächsten Familienversammlung. Sagen wir Onkel Bordeaux hat 25 Kilo zugenommen und sämtliche Haare verloren, seit du ihn zum letzten Mal gesehen hast. Dass du ihn kaum wiedererkennst liegt daran, dass in deinem Gedächtnis ein Bild von ihm gespeichert ist, auf dem er ein schlankerer Mann mit Haaren ist.

Deine Freunde, Gedanken und Gefühle sind kraftvolle Entscheidungsfaktoren deines Selbstbildes. Die Art und Weise, wie du Bilder über dich selbst veränderst, ist, indem du Freunde suchst, welche die Wahrheit über dich reflektieren und Gedanken über dich haben, die Gott über dich sagt und die sich weigern, deine Gefühle zu kontrollieren.

Die enorme Kraft des Gehirns in Übereinstimmung mit dem zu bringen, was Gott sieht und sagt, wird dir helfen, körperliche, mentale und emotionale Disziplin über dich selbst auszuüben. Übe dich darin, dich so zu sehen, wie Gott dich sieht:

- als sein Kind, dem vergeben wurde
- bedingungslos geliebt
- ganz und geheilt
- in Christus erhoben
- mit der Fähigkeit, Autorität über geistliche Dimensionen auszuüben, sowohl jetzt als auch in Ewigkeit!

8 – Autorität in der Familie

„Denke an den Herrn"

Da stellte ich das Volk auf nach den Familien, mit ihren Schwertern, ihren Lanzen und ihren Bogen.
(Nehemia 4,72)

Die zweite Dimension ist geistliche Autorität innerhalb der Familie.

Der Kampf um Autorität in der Familie ist weiter am Wüten. Manchmal läuft er zwischen den Eltern ab: Der Vater fordert der „Herr im Hause" zu sein, während die Mutter schon bei dem Gedanken daran, sich vor solch einem Herrn zu beugen, spöttisch lächelt.

Manchmal ist der Kampf zwischen Eltern und Kindern: Also nicht perfekte Eltern (wie wir es alle sind) fordern Unterordnung und Respekt von rebellischen, unverschämten Kindern, die vorhaben das aktuelle Regime zu stürzen.

Egal wie der Kampf sich äußert, es gibt immer einen Kampf, der zwischen dem Feind und der Familie wütet. Und wie dieser ausgeht ist wichtiger als du denkst. Für Gottes Königreich sind die Familie und ihre Bestimmung unerlässlich. Nicht nur für dich und deine Kinder, sondern für die ganze Menschheit. Das klingt nach einer kühnen Stellungnahme, also lass es mich dir erklären.

Gottes Wohnort

Im Altertum waren die Mauern einer Stadt extrem wichtig, weil sie die erste Verteidigungslinie darstellten. Manche Häuser wurden sogar so gebaut, dass eine Außenwand Teil der Stadtmauer war.

Nehemias Aufgabe, die Mauern von Jerusalem wiederaufzubauen, wurde zu einem Bauplan für den Wiederaufbau der Gemeinde. Die Stadt war so zerstört worden, dass nur kleine Haufen an Geröll von ihren mächtigen Mauern übrig geblieben waren. Die Tore waren verbrannt, der Tempel dezimiert und seine Schätze geplündert worden. Das wenige, das von den Häusern übrig blieb, war nichts Weiteres als Slumwohnungen. Im Grunde gab es kein erkennbares Überbleibsel ihrer früheren Herrlichkeit.

Diese Parallele zwischen Jerusalem und der Gemeinde heutzutage ist unübersehbar, jedoch kein Grund zur Verzweiflung. Gottes Zusagen sind unveränderlich. So wie er ein paar treue Mitarbeiter auswählte, um Jerusalem wiederaufzubauen, wird er auch einen Rest von Gläubigen benützen, um die unbefleckte Braut Christi zu werden. Die Wiederherstellung der Gemeinde beginnt, wenn wir Autorität in der Familie ergreifen.

Eine Familienangelegenheit

Um die Wand wiederaufzubauen, stellte Nehemia die Arbeiter nach Familien zusammen. Jede Familie empfing ihren zugeteilten Platz, von dem aus sie beginnen sollten. Hätte eine Familie ihr Projekt nicht ausgeführt, gäbe es ein Loch in der Mauer, durch das der Feind hineinkommen und nicht nur dieses eine Haus, sondern auch die ganze Stadt hätte plündern können.

Wegen der ganzheitlichen Beziehung zwischen den individuellen Wohnorten und den Städten der Wand, hing eins vom anderen ab. Starke Familien und starke Gemeinden sind ebenso synonym.

Dieselben alten Tricks

Während des Baus machten Nehemias Feinde sich lustig und planten Verschwörungen, um ihren Erfolg zu zerstören.

Und es geschah, als Sanballat hörte, dass wir die Mauer bauten, da wurde er zornig und ärgerte sich sehr. Und er spottete über die Juden und sprach vor seinen Brüdern und dem Heer von Samaria und sagte: Was machen die ohnmächtigen Juden? Wird man es ihnen zulassen? Werden sie opfern? Werden sie es an diesem Tag vollenden? Werden sie die Steine aus den Schutthaufen wiederbeleben, da sie doch verbrannt sind? ...

Und es geschah, als Sanballat und Tobija und die Araber und die Ammoniter und die Asdoditer hörten, dass die Ausbesserung der Mauern Jerusalems fortschritt, dass die Lücken sich zu schließen begannen, da wurden sie sehr zornig ... Und sie verschworen sich alle miteinander, zu kommen, um gegen Jerusalem zu kämpfen und Schaden darin anzurichten. (Nehemia 3,33-34.4,1-2)

Als Nehemia von der Verschwörung hörte, stellte er die Familien mit „Schwertern, Lanzen und Bogen" entlang der Mauer auf (Nehemia 4, 7). Die Arbeiter hielten tatsächlich eine Waffe in der einen Hand und ein Werkzeug in der anderen (Nehemia 4,11).

Die Bemühungen des Feindes dich zu zerstören hören niemals auf. Ein Lieblingskampffeld war schon immer die Familie. Wir wollen der Tatsache ins Gesicht sehen: Er benützt die Familie häufig als Werkzeug für Chaos und Streit.

Anders als in der Vergangenheit darüber gelehrt wurde, dienen sowohl Männer als auch Frauen zu Hause in priesterlicher Funktion. Paulus lehrte, dass es im Königreich weder Mann noch Frau gibt. Die priesterliche Funktion hängt nicht vom Geschlecht ab.

Doch das vermindert nicht die Wichtigkeit von männlicher Leiterschaft zu Hause. Es wird immer die Rolle des Mannes sein zu leiten (Epheser 5,23). In Nehemia 4,7 wurden die Männer an die Mauer gestellt, doch sie waren nie allein. An der Seite dieses Patriarchen arbeitete und wachte die Matriarchin mit ihren Kindern.

Die Gemeinde besiegt den Feind, indem sie die Generationen vereinigt. Weil der Feind die Beziehung zwischen Familie und Gemeinde versteht, ist er entschlossen, seinen Weg in deine Familie hineinzufinden, um deine Autoritätsposition zu unterwandern. Erlaube es ihm nicht!

Gottes Plan für starke Familien

Starke Familien werden gebaut, wenn Partner in Einheit göttliche Autorität über ihre Kinder ausüben. Solche Familien sind für die Bestimmung in Gottes Königreich extrem wichtig, und zwar aus folgenden Gründen: um Generationen zu segnen, zu lehren und zu richten.

1. Das Segnen von Generationen

Unser allgegenwärtiger Gott sieht die Welt durch eine generationsübergreifende Linse. Wenn er dich anschaut, sieht er auch deine Vorfahren und deine Nachkommen. Wenn er einen Segen ausspricht, dann wendet er sich nicht nur an dich, sondern auch an deine Kinder und Enkel. Darum nennt er sich selbst den „Gott Abrahams, Isaaks und Jakobs".

Gott gab Abraham viele Verheißungen: Sein Name sollte groß gemacht werden, Vater einer großen Nation werden, seine Nachkommenschaft sollte so zahlreich wie die Sterne sein und – was mein persönlicher Favorit ist – durch ihn sollte die ganze Welt gesegnet werden. Das ist Erhebung!

Aber Abraham musste die erforderlichen Bedingungen erfüllen, damit diese Segnungen freigesetzt werden konnten. Er musste vom Basiscamp wegziehen und in ein Land gehen, das er noch nie gesehen hatte (1. Mose 12,1), sein Name wurde geändert (1. Mose 17,5) und dann sollten alle männlichen Personen in seinem Haushalt beschnitten werden (1. Mose 17,9).

Weil Abraham genau diese Bedingungen erfüllte, wusste Gott, dass er ihm ausreichend vertrauen konnte, um ihm diesen Aufstieg zu geben.

Denn ich habe ihn erkannt, dass er seinen Kindern und seinem Haus nach ihm befehle, damit sie den Weg des Herrn bewahren, Gerechtigkeit und Recht auszuüben, damit der Herr auf Abraham kommen lasse, was er über ihn geredet hat.
(1. Mose 18,19)

Der Grund für Abrahams übernatürlichen Aufstieg kam nicht daher, dass er Autorität über sich selbst genommen hatte – auch wenn er das oft getan hatte – sondern es kam daher, dass man ihm vertrauen konnte, geistliche Autorität über seine Familie auszuüben.

Aber die besten Nachrichten sind nicht die über Abraham, sondern die Segnungen, mit denen Gott seine Kinder und deren Kinder und schließlich die ganze Welt überschüttete. Wenn du dich von der Autorität über dich selbst hin zu der Autorität über die Familie bewegst, werden Segnungen für die kommenden Generationen freigesetzt.

2. Das Lehren der Generationen

Die Familie ist Gottes ideales Klassenzimmer. Hier soll Kindern Folgendes beigebracht werden:

- **Gottes Wesen**
  - Hingabe: Indem sie die Hingabe der Eltern zueinander beobachten, lernen die Kinder, wie Gottes Hingabe uns gegenüber aussieht
  - Disziplin und Korrektur: Wenn Eltern beständig demonstrieren, dass weise Entscheidungen Freude und schlechte Entscheidungen Schmerz bewirken, dann lernen die Kinder Gottes Disziplin und Korrektur – und sie werden lernen weise Entscheidungen selbst zu treffen.
  - Vergebung: indem sie Vergebung von ihren Eltern erfahren, lernen Kinder von der Vergebung Gottes und seiner bedingungslosen Liebe.

- **Gottes Wort**
  - Dass Gott das Zuhause schuf, bevor er die Gemeinde schuf, zeigt auf, dass es niemals seine Intention war, dass die Gemeinde oder die Schule für das Lehren von Gottes Wort zuständig sein sollte.

- **Werte**
  - Eltern können täglich das Wort Gottes aktiv vor ihrer Audienz ausleben. Sie sollen nie vergessen, dass Kinder am Freitagabend genauso intensiv zuschauen, wie am Sonntagmorgen.
  - Die Familie, die ihre Kinder wertschätzt, beginnt zu verstehen, wie sehr Gott sie schätzt. Das Natürliche muss wieder vor dem Geistlichen kommen. Kindern muss beigebracht werden, dass ihre Individualität zeigt, dass sie einzigartig geschaffen wurden und dass sie

geliebt und wertgeschätzt sind. Was für eine starke Schutzimpfung gegen Gruppenzwang!

- **Bestimmung**
  - Jüdische Familien stellen ihre Kinder oft so vor: „Das ist meine Tochter, die Herzchirurgin" oder „Das ist mein Sohn, der Nuklearphysiker". Sie verstehen welche Kraft darin steckt, dass man die Bestimmung über seinen Kindern ausspricht. Lehre deine Kinder, dass sie für eine einzigartige Bestimmung geschaffen wurden und dass es ihre Verantwortung ist, dieser nachzujagen, sie zu erhalten und zu beschützen.

- **Verbinden und dazugehören**
  - Anhand der Beziehungen zu Hause lernen Kinder Hingabe und auch, dass man seine Freunde – und schließlich auch einmal den künftigen Partner – sorgfältig auswählt. Sie lernen auch den Wert, von unterstützenden Mitgliedern umgeben zu sein, also die Wichtigkeit der Gemeinde.

- **Lobpreis und Gebet**
  - Ich lernte, wie man betet, als ich meiner Großmutter zuhörte und zuschaute. Wie die meisten Kinder war auch ich ein widerwilliger Schüler. Doch als ich älter wurde, entdeckte ich die wahre Bedeutung von Gebet und du kannst mir glauben, dass ich für ihr Vorbild dankbar bin. Deine Kinder hören zu. Kümmere dich darum, dass sie an dem Tag, an dem sie Gebet brauchen werden – und der Tag wird sicher kommen – auf jeden Fall wissen, was sie zu tun haben.

- **Anderen dienen**
  - Wenn du deine Kinder von vorne bis hinten bedienst, lernen sie dadurch nicht zu dienen. Es lehrt sie, faul und selbstsüchtig zu sein. Dienerschaft wird gelernt, indem

man lernt, an den Aufgaben und täglichen Pflichten teilzuhaben, die dafür sorgen, dass ein Zuhause gut läuft. Die Eltern schaffen ein freudiges Umfeld dafür, indem sie sich freudig gegenseitig dienen.

- **Geben**
  - Zu Hause ist der Ort, an dem Kinder den Wert des gehorsamen, freudigen Gebens lernen. Lass deine Kinder immer wissen, dass du deinen Zehnten gibst, dass du in die Mission gibst und den Bedürftigen hilfst. Wenn du über das Geben sprichst, mach es zu einer Familienangelegenheit, indem du Pluralpronomen wie „wir" und „unser" verwendest, anstatt nur das „ich" zu benutzen.

- **Vergebung**
  - Du musst einem Kind nicht beibringen, wie man lügt. Sie kommen mit der Vollausstattung von unserem gefallenen Vorfahren Adam und einer genetischen Mutation namens „Sünde" auf die Welt. Wenn Gott uns rettet, verstehen wir seine Vergebung und erfahren sie auch. Aber was noch viel wichtiger ist, die Familie lehrt uns, wie wir anderen vergeben.

3. Das Richten der Generationen

Diese letzte Bestimmung für die Familie kann zunächst hart klingen, doch nur bis man versteht, dass es im Kern der Sache um Gnade geht.

Die Schrift und die Erfahrung offenbaren eindeutig, dass keine Sünde ewig verborgen bleibt. Für jede Übertretung muss ein Preis bezahlt werden. In seiner Gnade hat Gott sieben Ebenen von Gericht etabliert:

- das Selbstgericht
- das Familiengericht

- das Gericht durch Gleichgestellte
- das Gericht der Gemeinde
- das Zivilgericht
- das Gericht der Engel
- der große weiße Thron des Gerichts

Gottes Wunsch ist, dass jede Sünde auf dem möglichst niedrigsten Level behandelt wird, da das Gericht mit jeder neuen Ebene zunehmend härter ausfällt. Du kannst dir sicher sein, jede Sünde wird auf ihrer eigenen oder auf einer anderen Ebene gerichtet werden. Aber es ist so, wie man es in dem Sprichwort ausdrückt: „Das Rad des Gerichts dreht sich zwar langsam, aber es mahlt außerordentlich fein."

Nicht nachmachen!

Trotz seiner vielen Stärken war König David ein schlechter Vater. Leben und Tod seiner Söhne Ammon und Absalom sind Beispiele dafür, wie man es nicht handhaben sollte, wenn es um das Gericht in der Familie geht.

Ammon vergewaltigte seine Schwester. Anscheinend hatte David seine Autorität bezüglich der Auswahl der Freunde seiner Söhne abgegeben, denn diese Handlung war durch die Ermutigung durch einen von Ammons „Freunden" entstanden.

Er blieb dabei, seine elterlichen Pflichten zu vernachlässigen, indem er Ammon, der keine Reue zeigte, die Konsequenzen seiner Sünde nicht spüren ließ. Doch die Auswirkungen davon waren katastrophal.

Weil David die Entehrung in seiner Familie ignorierte, nahm Absalom die Angelegenheit in seine Hand und ermordete seinen Bruder. Erneut unternahm David nichts, als er mit der Sünde eines seiner Kinder konfrontiert wurde. Sogar die Priester (die Richter der Gemeinde) vernachlässigten ihre Pflicht darin, Absalom wegen seiner Sünde zurechtzuweisen.

Es war die fünfte Gerichtsebene, als Absalom im Gericht auftauchte. Obwohl sein Vater um Gnade flehte, wäre es richtig gewesen, ihm ein Gerichtsverfahren zu erteilen, damit eine Strafe ausgeführt wird. Obwohl David erfolgreich um das Leben seines Sohnes flehte, hätte Absalom nicht ohne Konsequenz freigelassen werden sollen. Keiner kommt mit so etwas je durch.

Dahin willst du nicht kommen!

Die zwei letzten Ebenen von Gericht sind sehr viel härter. Dahin willst du wirklich nicht kommen!

Wenn es um Sünde geht, zögern Engel offenbar nicht lange:

- 1. Mose 19: Aufgrund ihrer übermäßigen Sünde sprachen zwei Engel das endgültige Gericht über Sodom und Gomorra aus. Beide Städte wurden durch Feuer vom Himmel ausgelöscht.

- 3. Mose 22: Ein Engel warnte Bileam, den ungehorsamen Propheten. Wäre sein Esel nicht auf die Seite ausgewichen, wäre Bileam bereits tot gewesen und der Esel noch am Leben! Offensichtlich haben Engel von falschen Propheten keine hohe Meinung.

- Daniel 4: Gemäß der Entscheidung der Wächter (Engel) streifte Nebukadnezar durch die Felder und aß Gras, weil er sich geweigert hatte von seinen Sünden Buße zu tun.

So schlimm die Konfrontation mit Engeln auch sein mag, der große weiße Thron des Gerichts ist noch viel schlimmer. In jedem Sinn des Wortes ist es die letzte Ebene.

- In Offenbarung 20,11-12 heißt es: Gott ist auf seinem Thron, liest vom Buch des Lebens und richtet die Toten gemäß ihren Taten. Zwei Kapitel später lesen wir dieses furchteinflößende, endgültige Gericht:

    Wer Unrecht tut, der tue weiter Unrecht, und wer unrein ist, der verunreinige sich weiter, und der Gerechte übe weiter Gerechtigkeit, und der Heilige heilige sich weiter.
    (Offenbarung 22,11)

Fertig. Keine Chance mehr, um Dinge in Ordnung zu bringen. Nachdem jedes andere Level von Gericht ignoriert wurde, werden die Ungerechten ewig ungerecht bleiben.

Darum ist die Rolle des Gerichts in der Familie von so grundlegender Wichtigkeit. Es ist die Verantwortung der Familie, sich mit Sünde zu befassen, um sie davor zu bewahren, Konsequenzen auf höherer Ebene erfahren zu müssen. Wenn du deine Autorität über deine Familie nicht ausübst, dann wird das Gericht in der Hierarchie auf die nächste Ebene gehen, bis sich auf die eine oder andere Weise darum gekümmert wird.

Wenn du deine Kinder (und Enkel) liebst, sorge dafür, dass sie die Verantwortung für ihre Sünden übernehmen. Wenn du es nicht tust, wird es jemand anderes tun. Jemand, der sie nicht so sehr liebt wie du. Jemand der ihnen nicht dieselbe Gnade zeigen würde wie du.

Nur drei Worte

Mutig für deine Familie zu leben ist nicht einfach, aber die Resultate sind voraussagbar. Wenn du für deine Familie kämpfst, wird Gott sie beschützen.

Als die Arbeiter in Jerusalem hörten, dass der Feind einen Plan hatte, um die Stadtmauer und ihre Häuser zu zerstören, sprach Nehemia drei Worte: *„Gedenkt des Herrn!" (Nehemia 4,8).*

Lass dich niemals von Pessimismus oder vom bösen Sanballat zum Wanken bringen. Behalte deinen Fokus auf Gott. Wenn du ihn zum Wohnort deines Herzens machst, kann dich nichts mehr antasten.

Weil du den Herrn, meine Zuflucht, den Höchsten, gesetzt hast zu deiner Wohnung, so wird dir kein Unglück widerfahren und keine Plage deinem Zelt nahen.
(Psalm 91, 9-10)

Mitten in einem stürmischen Kampf ohne Furcht zu leben erfordert Vorbereitung und die Gewissheit eines erfolgreichen Endes. Warte nicht auf eine Familienkrise, um Familiengebetszeiten einzuführen. Warte nicht auf das Ende des Kampfes, bevor du Siegesgeschrei von dir gibst. Wir jubeln für den Sieg, nicht wegen dem Sieg!

Schließlich geht es ja sowieso bei allem um Gott. Er will deine Familie erheben, so wie er es mit Abrahams Familie tat, sodass andere zu seiner Familie dazugehören wollen. Die Familie ist in der Gemeinde und dabei, andere ins Königreich zu ziehen, von grundlegender Wichtigkeit.

Autorität in der Familie ist im geistlichen Bereich von fundamentaler Wichtigkeit. Wenn du diese Lektion gut gelernt hast, hast du dich dafür positioniert, Durchbrüche auf höheren Ebenen im Reich Gottes zu erreichen.

9 – Autorität in säkularen Angelegenheiten

"Steig wieder auf dein Pferd!"

Wenn die Gerechten sich mehren, freut sich das Volk;
wenn aber ein Gottloser herrscht, seufzt ein Volk.
(Sprüche 29,2-3)

Demnach ist es **unser** Fehler, wenn die Welt vor die Hunde geht? Mit dieser Aussage habe ich jetzt sicher deine volle Aufmerksamkeit, also lass es mich dir erklären.

Nachdem Gott die Welt geschaffen hat, gab er sie Adam. Sie gehörte vollkommen ihm. Er war der Mann, der die Verantwortung hatte, bis die Schlange Adam austrickste und er sein Eigentumsrecht abgab.

Die Gemeinde hat fälschlicherweise gelehrt, dass Adams Ungehorsam dazu führte, dass er seine Beziehung zu Gott verlor. Doch was wirklich geschah war Folgendes: Er übergab bereitwillig nicht nur das Recht zu regieren und anzubeten, er verlor auch seine Beziehung mit Gott.

Satan ist raffiniert und seine Motive sind scharfsinnig berechnet. Wenn er den Menschen hinterlistig verführen könnte, Gott nicht zu gehorchen, würde Adams Autorität kampflos an ihn übergehen und ihn auch noch zu einem Gott in dieser Welt machen.

Eine gewisse Zeit lang funktionierte dieser Plan. Aber Gott hatte seine eigene Strategie, wie er das Verlorene zurückgewinnen würde. Seine Strategie war es, dass er seinen Sohn, den „zweiten Adam" sandte.

So gerissen Satan auch sein mag, selbst an seinem besten Tag ist er kein ebenbürtiger Gegner für Gott. In seinen stolzen Gedanken setzte der Teufel es darauf an, den zweiten Adam zu zerstören, aber er realisiert nicht, dass Jesus durch seinen aufopfernden Tod und seine Auferstehung die Welt für alle Ewigkeit zurückgewinnen würde!

Gottes Plan ist erfolgreich. Jesus schnappte die Eigentumsurkunde aus dem schleimigen Griff Satans und übergab sie der Gemeinde. Und was haben wir damit gemacht? Halte Ausschau nach der Antwort darauf.

Der Erfolg des Feindes, unser Versagen

Der Feind hat die Gemeinde irgendwie überzeugt, dass es böse Motive wären, wenn die Gemeinde ein Interesse an weltlichen Dingen wie zum Beispiel der Wissenschaft, Regierung, Erziehung, Finanzen, Kunst oder Technik hat und dass es zu unserer Zerstörung führen würde. Wir haben ihm schon viel zu lange erlaubt, Gottes gerechte Ordnungen zu verzerren und in Konzepte umzuändern, die das „Selbst" mehr erheben als die verlorene Welt.

Bitte betrachte dies nicht als eine Anklage gegenüber der Gemeinde. Die Finsternis hat die Fundamente schon so lange durchdrungen, dass es an der Zeit ist, seine bösen Methoden ans Licht zu bringen. Mein Ziel ist es, Satans teuflische Methoden aufzudecken, damit wir unsere von Gott übertragene Autorität in weltlichen Angelegenheiten wiedergewinnen können.

Sie brauchen uns!

Die Gemeinde ist nicht etwa „zusätzlicher Ballast" in der heutigen Welt. Sie ist für das Überleben unserer Kultur, Nation und Welt von fundamentaler Bedeutung. Sie brauchen uns!

Es ist Zeit, dass wir unsere rechtmäßige Position als Erben in allem einnehmen, was Jesus gewonnen hat, als er am Kreuz über Satan siegte. Wir wurden dahingehend getäuscht, dass wir glaubten ein Wunsch nach finanziellem Wohlergehen und Einfluss sei böse. Und dass wir uns total still verhalten und das Leben im unteren Teil der Menge akzeptieren sollten. Das ist nicht schriftgemäß!

Und es wird geschehen, wenn du der Stimme des Herrn, deines Gottes, fleißig gehorchst, dass du darauf achtest, alle seine Gebote zu tun, die ich dir heute gebiete, so wird der Herr, dein Gott, dich zur höchsten über alle Nationen der Erde machen. Und der Herr wird dich zum Haupt machen und nicht zum Schwanz, und du wirst nur immer höher kommen und nicht abwärtsgehen, wenn du den Geboten des Herrn, deines Gottes, gehorchst, die ich dir heute zu halten und zu tun gebiete. (5. Mose 28,1.13)

Es gibt keine Eltern, denen es gefällt, wenn ihre Kinder sich damit zufriedengeben, aufgrund von Angst oder Faulheit ein Leben voller Schinderei zu führen. Eltern wollen, dass ihre Kinder ihre von Gott gegebenen Talente und Ressourcen nutzen, um erfolgreich zu werden, womit ihre Leben erhoben werden können.

Unser himmlischer Vater ist da nicht anders. Er wünscht sich und **erwartet** von uns, dass wir seine Ressourcen einsetzen, um unsere Bestimmung zu erfüllen. Wenn wir am Basiscamp bleiben, verpassen wir nicht nur für andere eine Anziehungskraft zum Vater zu sein, es missfällt ihm sogar.

> *Es wird aber geschehen, wenn du der Stimme des Herrn, deines Gottes, nicht gehorchst, indem du darauf achtest, alle seine Gebote und seine Satzungen zu tun, die ich dir heute gebiete, so werden alle diese Flüche über dich kommen und dich treffen ... Der Fremde, der in deiner Mitte ist, wird höher und höher über dich emporkommen, und du wirst tiefer und tiefer hinabsinken. Er wird dir leihen, du aber wirst ihm nicht leihen; er wird zum Haupt, du aber wirst zum Schwanz werden. (5. Mose 28,15.43-44)*

Die Tatsache, dass die Gemeinde weltweit belächelt und verleumdet wird beweist, dass wir kläglich darin gescheitert sind, die Welt zu regieren. Und außerdem haben wir selbst sogar dafür gesorgt, dass Gottes Verurteilungen in Kraft treten mussten. Wir sind eindeutig zum „Schwanz" geworden. Und was noch tragischer ist: Viele geben sich damit zufrieden, genau das zu sein.

Wie funktioniert das für dich?

Du musst nur mal den Fernseher einschalten oder die Zeitung lesen, um zu realisieren, dass die Strategien der weltlichen Leiter nicht funktionieren. Und was noch schlimmer ist, dass die Gemeinde die „Kopf-in-den-Sand-stecken"-Strategie angenommen hat und ignoriert, dass die Welt wie in einer Spirale immer weiter abwärtstaumelt.

Als der Pharao mit der bevorstehenden Hungersnot, die Ägypten hätte zerstören können, konfrontiert wurde, hatten seine Ratgeber keine Ideen und waren nutzlos. Er brauchte jemanden mit einer neuen Strategie ... und dieser jemand saß in seinem Kerker!

> *Und der Pharao sprach zu seinen Knechten: Werden wir einen finden wie diesen, einen Mann, in dem der Geist*

12 Dimensionen geistlicher Autorität

Gottes ist? Und der Pharao sprach zu Joseph: Nachdem Gott dir dies alles kundgetan hat, ist keiner so verständig und weise wie du. Du sollst über mein Haus sein, und deinem Befehl soll mein ganzes Volk sich fügen; nur um den Thron will ich größer sein als du. Und der Pharao sprach zu Joseph: Siehe, ich habe dich über das ganze Land Ägypten gesetzt. Und der Pharao nahm seinen Siegelring von seiner Hand und tat ihn an die Hand Josephs, und er kleidete ihn in Kleider aus Byssus und legte die goldene Kette um seinen Hals. Und er ließ ihn auf dem zweiten Wagen fahren, den er hatte, und man rief vor ihm her: Werft euch nieder! – Und er setzte ihn über das ganze Land Ägypten. Und der Pharao sprach zu Joseph: Ich bin der Pharao, und ohne dich soll kein Mensch seine Hand oder seinen Fuß aufheben im ganzen Land Ägypten. (1. Mose 41,37-44)

Weil er weiß, dass unter der Herrschaft der Ungerechten Chaos, Unruhe und Leid zunehmen, möchte Gott seiner Gemeinde Autorität über weltliche Angelegenheiten übertragen, genauso wie Pharao es mit Joseph tat.

Es gibt ein Übel, das ich unter der Sonne gesehen habe, wie ein Irrtum, der vom Machthaber ausgeht: Die Torheit wird in große Würden eingesetzt, und Reiche sitzen in Niedrigkeit. Ich habe Knechte auf Pferden gesehen, und Fürsten, die wie Knechte zu Fuß gingen. (Prediger 10,5-7)

Gott liebt seine Welt. Er weiß, dass das Leid der Schwachen minimiert wird, wenn seine Kinder die Verantwortung übertragen bekommen (Sprüche 29,2). Dann werden Ressourcen weise und zum Segen für alle genutzt werden, neue Freiheit in der Anbetung wird entstehen und sein Königreich wird erblühen. Und genau darum geht es!

L'envers, Schatz!

Der Klang der Sprache in Louisiana, wo ich aufgewachsen bin, ist fast schon melodisch. Auch heute noch sprechen manche Leute dort vor allem eine Mischung aus Spanisch, Französisch und Englisch, was allgemein als Cajun-Französisch bekannt ist.

Der französische Ausdruck „à l'envers" wurde im Cajun einfach als „l'envers" weitergegeben. Es bedeutet „andersherum und rückwärts". So beschreibt das cajun-französische Wort den Vers darüber, wo Sklaven auf Pferden ritten, während die Prinzen wie Sklaven herumliefen. Es widerspricht so stark dem, wie Dinge wirklich sein sollten und du eigentlich kopfschüttelnd „L'envers, Schatz!" ausrufen solltest.

Dieses kunterbunte Arrangement hat noch nie funktioniert, weder für die Welt noch für die Gemeinde und es hat dem Königreich auch nie Wohlergehen gebracht. Um in weltlichen Dingen Autorität einzunehmen, musst du die traditionellen, religiösen Lehren ablehnen, die verbieten, dass Gottes Volk sich in Politik, Gesundheitswesen, Unterhaltung, Erziehung, Finanzen und jedem anderen Gebiet einbringt.

Jemand wird in diesen Bereichen herrschen. Und es ist unmöglich zu herrschen, wenn man einem Sklaven gleicht. Um unseren Auftrag zu erfüllen, die Botschaft bis ans Ende der Welt zu tragen, wird es Zeit erneut die Pferde zu satteln.

10 – Autorität im geistlichen Dienst

"Aber es glänzt doch wie Gold!"

Und es kamen Blinde und Lahme im Tempel zu ihm, und er heilte sie. Als aber die Hohenpriester und die Schriftgelehrten die Wunder sahen, die er tat, und die Kinder, die im Tempel schrien und sagten: Hosanna dem Sohn Davids!, wurden sie unwillig. (Matthäus 21,14-15)

Bronze und Gold kann man auf den ersten Blick schwer unterscheiden. Sie sehen ähnlich aus und fühlen sich gleich an. Aber hier hören die Ähnlichkeiten auf. Gold ist ein Edelmetall, während Bronze eine Legierung aus Kupfer und Zink ist. Gold wird nicht trübe, während Bronze mit der Zeit matt wird, sich auskristallisiert und dann brüchig und nutzlos wird. Wenn du ein Metall mit langlebigem Nutzen haben möchtest, dann suche das Echte.

Um Autorität in einer geistlichen Struktur auszuüben, musst du zwischen dem Authentischen und der Kopie unterscheiden. Wahre geistliche Autorität in der Struktur eines Dienstes wird Umstände permanent verändern, das Königreich vorwärtsbringen und Leben erheben. Falsche Autorität, die heutzutage leider in der Gemeinde die Oberhand hat, ist bestenfalls nutzlos, im schlimmsten Fall kann sie andere sogar ernsthaft verwunden.

Der ultimative Test, um zwischen Gold und Bronze zu unterscheiden, ist, einen Tropfen Salpetersäure oder Chlorwasserstoffsäure auf das Metall zu geben. Bronze wird sich sofort in eine schwarze Farbe verwandeln. Das Gold wird in keiner Weise verändert. Jesus ist der Säuretest für wahre geistliche Autorität. Wenn wir verstehen, wie er seine Autorität manifestiert, hilft uns das bei der Unterscheidung, ob ein Dienst aus Bronze oder Gold besteht.

Manche Dinge ändern sich nie

Von jüdischen Pilgern wurde gefordert, dass sie zum Tempel nach Jerusalem reisen, um ihre besten Tiere zu opfern. Für manche war das eine lange und ermüdende Reise. Und am Ende ihrer Reise war ihr ausgewähltes Tier oft nicht mehr im ursprünglichen Zustand.

Da sie dieses Problem erkannten, hatten die religiösen Leiter ein Programm aufgebaut, das den Marktkäufern erlaubte, am Tempel makellose Opfertiere zu verkaufen. Als der Plan erdacht wurde, war er hilfreich und praktisch gewesen. Doch schlussendlich schlich die Gier sich ein.

Als Jesus am Pessach in Jerusalem ankam, setzte er seine Aufmerksamkeit sofort auf die Marktleute, die Opfertiere zum drei- und vierfachen Wert verkauften. Diejenigen, die mit leeren Händen kamen, hatte keine andere Wahl und mussten diese absurden Preise bezahlen. Voller Wut über das, was er da sah, trat Jesus in den Tempel und warf die Tische der Marktleute um und als sie um ihr Leben liefen, nannte er sie „Diebe" (Matthäus 21,13).

Manche Religionen benützen diese Geschichte fälschlicherweise, indem sie sagen, dass alles, was an einem Ort der Anbetung verkauft wird, den Herrn ärgert. Doch Jesus reklamierte nicht den Verkauf der Tiere für ein wichtiges Bedürfnis. Es war die Gier, die sich in diesem ursprünglich hilfreichen Plan ausbreitete, die ihn zur Wut provozierte.

Sofort nachdem er den Tempel gereinigt hatte, geschahen zwei Dinge:

> *Und es kamen Blinde und Lahme im Tempel zu ihm, und er heilte sie. Als aber die Hohepriester und die Schriftgelehrten die Wunder sahen, die er tat, und die Kinder, die im Tempel schrien und sagten: Hosanna dem Sohn Davids!, wurden sie unwillig. (Matthäus 21,14-15)*

Als Markus dasselbe Ereignis beschreibt, sagt er, dass die religiösen Leiter weit mehr als nur „unwillig" waren:

> *Und die Hohepriester und die Schriftgelehrten hörten es und **suchten, wie sie ihn umbringen könnten;** denn sie fürchteten ihn, weil die ganze Volksmenge sehr erstaunt war über seine Lehre. (Markus 11,18)*

Wahre geistliche Autorität ...

- ist kühn, aber erzwingt nichts
- erweckt Aufmerksamkeit ohne einzuschüchtern
- zieht Menschen an wie Honig die Bienen
- verärgert und verängstigt religiöse Menschen

Jesus hatte die Angewohnheit, die geistlich Hungrigen anzuziehen und die Religiösen zu verscheuchen. Darin hat sich in den letzten zweitausend Jahren nichts geändert.

Der Fälschungsexperte

Gott ist nicht in allem involviert, von dem Menschen behaupten, er sei es. Eine gewisse Zeit lang mögen manche Organisationen oder Dienste blühen, ohne eine Spur von Autorität zu besitzen. Den Leitern dieser religiösen Organisationen ist es geradezu fanatisch wichtig, geistlich zu erscheinen. Und indem sie Beziehung durch Regeln ersetzen, nützen sie Zwänge aus, um Kontrolle auszuüben.

Religion ist wie gefälschte Autorität. Es geht ihr nur um das äußerliche Erscheinungsbild. Wahre geistliche Autorität hingegen entsteht aus Beziehung, also der tatsächlichen persönlichen Verbindung.

Gott hasst Religion. Das Ziel der Religion ist es, andere zu kontrollieren, indem man ein geistliches Erscheinungsbild schafft. Das ist nichts anderes als Zauberei. Es widerspricht dem Wort Gottes und seiner Natur total, wenn wir Kontrolle anstelle von Verbindung suchen.

Das Fundament von Gottes Beziehung zu dir ist Liebe. Wenn er ein Kontrollfreak wäre, hätte er uns niemals mit dem unwiderrufbaren Geschenk des freien Willens gesegnet. Und dieses Geschenk, die Freiheit zu wählen, wird er uns in alle Ewigkeit erhalten.

Er will nicht, dass du ihn suchst oder ihm dienst, wenn es auf Zwang oder Furcht gegründet ist. Das ist das genaue Gegenteil von seinem Geist. Er wird dich bis ins Grab hin lieben, aber er wird dir niemals seinen Willen aufzwingen.

Er wird um dich werben und dir nachjagen, aber unterm Strich ist es deine Entscheidung, ob du ihm nachfolgst oder nicht. Josua hat es gut zusammengefasst: *„Wählt ... heute, wem ihr dienen wollt"* *(Josua 24,14 Luth)*.

Religiöse Geister: Isebel und Ahab

Menschen, die manipulieren und dominieren, versuchen anderen ihren Willen aufzudrängen, statt ihnen den freien Willen zu gestatten. Das ist ein direktes Vorgehen gegen die Prinzipien Gottes. Diejenigen, die in Satans Bereich wirken, wirken unter dem Einfluss eines Geistes von Isebel oder Ahab.

Auf der Oberfläche wirken diese Dienste gut und fühlen sich authentisch an. Aber wenn du einmal hinter das glänzende Äußere schaust, sind sie nichts weiter als eine billige Imitation.

Erlaube Namen nicht, dich hinters Licht zu führen. Da gefallene Engel Geister ohne Geschlecht sind, können sowohl Männer als auch Frauen für sie anfällig sein. Hier ist es so, dass im 1. und 2. Könige die böse Königin Isebel und ihr Ehemann, König Ahab, die Beispiele sind. Zwei besonders gute Beispiele für den Isebelgeist aus unserer Zeit sind Jim Jones und David Koresh – hier agiert derselbe Geist, jedoch durch das andere Geschlecht.

Der Isebel-Geist benutzt Angst, Manipulation, Einschüchterung und Zwang, um andere zu kontrollieren. Es kann bedeuten, jemanden mit der „kalten Schulter" oder mit einer Ablehnungs-Schweige-Therapie zu behandeln, also entweder explizit oder implizierend. Als Vorwand benutzt er dann auch falsche Geistlichkeit oder einen falschen Anspruch eigener „Geistlichkeit" für sein „Wort von Gott", seine Prophezeiung, seinen Traum oder seine Vision.

Schließlich plagt dieser Geist seine Nachfolger mit Depression und Selbstzweifel. Obwohl Elia ein mächtiger Prophet war, wurde er nach seiner Begegnung mit Isebel so deprimiert, dass er am liebsten sterben wollte (1. Könige 19,4).

Gottes scharfe Sicht

Im Gegensatz dazu ist der Ahab-Geist raffinierter als der offensichtliche Kontrollfreak Isebel-Geist, was ihn viel gefährlicher macht. Ein Ahab manipuliert sogar oft eine Isebel, was man in 1. Könige 21 sehen kann.

Der Weinberg nebenan fiel König Ahab ins Auge. Er bot Nabot an, ihm dieses schöne Grundstück abzukaufen, aber Nabot wollte es nicht verkaufen. Was tat Ahab also? Er ging nach Hause und begann zu schmollen.

*Und Ahab kam in sein Haus, missmutig und zornig über das Wort, das Nabot, der Jisreeliter, zu ihm geredet hatte, als er sprach: Ich will dir das Erbe meiner Väter nicht geben. Und **er legte sich auf sein Bett und wandte sein Angesicht ab und aß nichts.***

Und Isebel, seine Frau, kam zu ihm herein und sprach zu ihm: Warum ist dein Geist missmutig, und [warum] isst du nichts? Und er sprach zu ihr: Weil ich zu Nabot, dem Jisreeliter, geredet und ihm gesagt habe: Gib mir deinen Weinberg für Geld, oder wenn du Lust hast, will ich dir stattdessen einen [anderen] Weinberg geben; aber er sagte: Ich will dir meinen Weinberg nicht geben. (1. Könige 21,4-6)

Man kann sich kaum vorstellen, dass ein erwachsener Mann handelt wie ein Dreijähriger. Aber Ahab war kein verwirrtes Schnuckelchen. Er wusste ganz genau, was er tat und er bekam genau das, was er wollte.

Ihrer Natur entsprechend manipulierte Isebel und heckte einen Plan aus, bis Nabot grausam exekutiert wurde. Dann überbrachte sie Ahab die „gute Botschaft" (1. Könige 21,8-15).

Sobald Nabot tot war, wurde Ahab plötzlich wieder gesund und ging zum Weinberg, um ihn zu besichtigen. Doch kaum hatte er seinen Wagen verlassen, traf Elia mit einer ernüchternden Botschaft ein:

Und rede zu ihm und sprich: So spricht der Herr: Hast du gemordet und auch in Besitz genommen? Und rede zu ihm und sprich: So spricht der Herr: An der Stelle, wo die Hunde das Blut Nabots geleckt haben, sollen die Hunde auch dein Blut lecken. (1. Könige 21,19)

Gott hatte alles gesehen. Er wusste, wer der Verursacher im Hintergrund war und beschuldigte Ahab des Mordes an Nabot.

Jeder Ahab-Manipulator hat eine geheime Agenda. Sein Blickwinkel ist es, andere dahin zu bringen, dass sie die Drecksarbeit für ihn tun, damit er stets unschuldig und geistlich erscheint. Voller Vorsicht ermutigen sie falsches Handeln, aber stets in ausreichender Distanz, um unschuldig und unwissend zu wirken. Ich vermute sie denken, dass Gott heutzutage eine blickdichte Sonnenbrille trägt.

Anleitung zur Erkennung religiöser Geister

Religiöse Geister haben verschieden ausgeprägte Charaktereigenschaften. Doch bevor ich mehr dazu sage, will ich dich warnen, die Schuldigen nicht zu hart zu richten. Vermutlich gehören sie zu den am stärksten verwundeten Personen, die du jemals treffen wirst.

Wenn ihre Selbsteinschätzung entsprechend stark verletzt ist, werden sie an allen falschen Orten nach Wert und Anerkennung suchen. Das geschickte Kontrollieren anderer Personen scheint ihnen der ideale Weg zu sein, um Wertschätzung und Bedeutung zu bekommen. Aber nicht diese Person ist der Feind, sondern der Geist, der sie beeinflusst.

Und noch eine Warnung: Früher oder später kann es bei jedem von uns sein, dass wir solche Haltungen wiederspiegeln. Da es uns allen passiert, dass wir andere verwunden oder andere uns verwunden, handelt es sich nicht unbedingt gleich immer um einen

Isebel- oder Ahab-Geist. Pass auf, dass du nicht zu eifrig eine bestimmte Person oder ein Familienmitglied in dieser Liste zu entdecken suchst, sonst findest du dich vielleicht selbst darin!

Und dann will ich abschließend noch ergänzen, dass es nicht bedeutet, dass man ein Problem mit Kontrolle hat, wenn man seine Arbeit hervorragend macht. Es geht um verschiedene Ebenen und um Motivation. Aber wenn du jemanden triffst, bei dem die meisten der hier unten aufgeführten Charaktermerkmale sichtbar sind – lauf weg!

- Nimmt für alles die Anerkennung
- Benutzt andere Personen, um sein persönliches Ziel zu erreichen
- Hat Schwierigkeiten, sich zu entschuldigen
- Benutzt die Informationen anderer, um selbst geistlicher dazustehen
- Ist auf charmante Weise verführerisch
- Mag nicht, wenn jemand mit ihm oder ihr nicht übereinstimmt
- Kritisiert andere hinter ihrem Rücken
- Übertreibt regelmäßig
- Handelt aus Überlegenheit heraus
- Spricht ständig von sich selbst
- „Vergeistlicht" jede Situation
- Rebelliert und weigert sich, sich wahrer geistlicher Autorität unterzuordnen
- Drängt gern
- Handelt geheimnisvoll und mystisch
- Sät Samen der Uneinigkeit und des Streits
- Muss im Zentrum der Aufmerksamkeit stehen
- Ist bemüht, andere zum „Problem" zu machen
- Hält Anerkennung für andere zurück und sorgt dadurch dafür, dass diese sich Gedanken darüber machen, ob sie gut genug sind

- Setzt Selbstmitleid ein, um zu bekommen, was er möchte
- Behandelt diejenigen mit Kälte, die nicht in Übereinstimmung sind und zwingt sie, sich unterzuordnen
- Übertreibt und dramatisiert Situationen
- Nutzt die tiefen emotionalen Verletzungen der anderen, um zu manipulieren, indem er eine starke Seelenbindung zu der Person aufbaut
- Legt anderen Personen Worte in den Mund
- Liebt es, selbst Titel zu bekommen und andere zu kennzeichnen
- Hat eine rachsüchtige Haltung

Warum das wichtig ist

Ich muss dir nicht sagen, dass das Böse freien Lauf hat. Das weiß man ja, wenn man einfach nur jeden Tag seine Augen öffnet. Ich will aber sagen, dass nichts besser wird, bis die Gläubigen lernen, ihre wahre geistliche Autorität in Dienststrukturen einzusetzen.

Gott hat die Gemeinde speziell dafür geschaffen, dass das Böse konfrontiert wird und dass Schmerz und Leiden angegangen werden. Ein gefährlicher Trend, den wir bereits untersucht haben, ist, dass die Gläubigen die lokale Gemeinde verlassen. Und natürlich begeistert das den Feind, weil er die Synergie von Gottes Wort versteht, das sagt: *„...einer jagt tausend und zwei treiben zehntausend in die Flucht" (5. Mose 32,30).*

Wissenschaftler haben Gruppensynergien schon seit Jahren studiert. Was sie entdeckt haben ist, dass durch Teamwork ein insgesamt besseres Ergebnis hervorkommt, als wenn jede Person in der Gruppe individuell auf das Ziel hinarbeitet.[7] Sie hätten 5. Mose 31,30 lesen sollen. Gott hat die Synergie erfunden. Dieser

---

[7] http://en.wikipedia.org/wiki/Synergy

Vers erklärt den Synergieeffekt von Gläubigen, die zusammenarbeiten, er bewirkt einen Multiplikationsfaktor von zehn.

Die Lösung liegt in der Synergie

Heutzutage wird die Gemeinde, nicht nur von Ungläubigen verleugnet, sie wird auch oft von Namenschristen, die wenig verstehen, schlecht dargestellt. Wenn wir die Wichtigkeit des Besuchs der lokalen Gemeinde entwerten, dann kann man das damit vergleichen, dass man sagt: Gott hatte keine Ahnung von was er sprach, als er sagte, wir sollen *„die Versammlung der Heiligen nicht versäumen" (Hebräer 10,25).*

Auf jeden Fall ist das Verlassen einer Gemeinde nicht die Lösung für Schmerz. Ebenfalls auch nicht die Organisation eines weiteren Programmpunktes innerhalb der Gemeinde. Die Lösung ist, dass die Synergie dann entsteht, wenn wahre geistliche Autorität im Dienst gegenwärtig ist.

Wie schaffst du wahre geistliche Autorität in einer Dienststruktur? Falls du mit der Antwort nicht einverstanden bist, schiebe es auf den Verfasser des Hebräerbriefes:

Gehorcht euren Führern und seid fügsam; denn sie wachen über eure Seelen (als solche, die Rechenschaft geben werden), damit sie dies mit Freuden tun und nicht mit Seufzen; denn dies wär euch nicht nützlich. (Hebräer 13,17)

Authentische geistliche Autorität fließt immer aus dem hervor, dass wir selbst unter Autorität sind. Wenn der Gedanke daran, dich einer geistlichen Autorität in einer Gemeinde unterzuordnen, dich verärgert, könnte es sein, dass ein Geist der Religion aus deiner Vergangenheit dein Denken verdorben hat. Wie zuvor erwähnt: Wenn du einen dieser religiösen Geister entdeckst: Renn davon!

Werde ein Agent für Veränderung

Als Jesus die Geldwechsler austrieb, schaffte er nicht den Tempel ab, er reinigte ihn lediglich. Was dem folgte war Erweckung! Nachdem Israel jahrhundertelang in einem Zustand des Abfalls vom Glauben geblieben war, konnten durch eine Handlung wahrer geistlicher Autorität Blinde sehen, Lahme gehen und Menschen waren erneut in der Lage zu glauben!

Gläubige sind Personen, die die Veränderung hervorbringen, die unsere Welt so dringend braucht. Das geschieht nicht, indem wir Gottes Ordnungen und Methoden in Bezug auf den Umgang mit Leid und Schmerz weglassen, sondern indem wir uns von religiösen Geistern reinigen lassen, die Gottes Werk verdreht haben – und indem wir uns dann der wahren geistlichen Autorität in dieser Struktur unterordnen.

Habe niemals Angst davor, dich Autorität zu unterstellen. Jesus hat sich ständig dem Vater untergeordnet.

Mit dem gegenwärtigen Zustand unserer Welt mag diese Aufgabe überwältigend erscheinen. Und damit hast du auch recht – wenn du versuchst es im Alleingang umzusetzen. Wir müssen Gottes Synergie haben, um all das zu erfüllen, was er uns aufgetragen hat. Wir brauchen einander und die Welt braucht uns mehr als dringend!

11 – Autorität über dämonische Systeme

„Das Problem hinter dem Problem"

Denn obwohl wir im Fleisch wandeln, kämpfen wir nicht nach dem Fleisch; denn die Waffen unseres Kampfes sind nicht fleischlich, sondern göttlich mächtig zur Zerstörung von Festungen, indem wir Vernunftschlüsse zerstören. (2. Korinther 10,3-4)

Die nächste Ebene geistlicher Autorität über dämonische Systeme erinnert mich an ein Spiel namens Maulwurf-Schlagen. In diesem Arkade-Spiel tauchen Plastikmaulwürfe willkürlich in den Löchern eines hüfthohen Tisches auf. Das Ziel ist es, den Maulwurf mit einem Gummihammer auf den Kopf zu schlagen, bevor er wieder ins Loch verschwindet. Aber jedes Mal, wenn du den Maulwurf in sein Loch zurückschlägst, taucht wieder ein anderer auf. Dadurch ist der Spieler beschäftigt und erreicht eigentlich niemals so richtig etwas.

Im geistlichen Krieg der Gemeinde gegen dämonische Systeme ist unsere Waffenrüstung oft nicht mehr als der Gummihammer guter Vorsätze und gerechter Empörung. Kaum haben wir den Teufel in Regierungssachen mit einer E-Mail-Kampagne oder Petition auf den Kopf gehauen, schon taucht er im Bildungssystem wieder auf. Wir erstellen schnell Poster und protestieren bei der nächsten Elternvertreterversammlung und dann taucht sein Kopf im legalen System wieder auf. Während wir ausholen, duckt er sich weg. Und ja – wir bleiben stark beschäftigt, ohne viel zu erreichen.

Das Wirken dämonischer Systeme

Der Feind weiß, dass Gott sich sehr wünscht, eine starke Beziehung zu seinem Volk zu haben. Ein bevollmächtigtes, autorisiertes Kind Gottes bedeutet für das Königreich der Finsternis Zerstörung. Darum tut er alles in seiner limitierten Kraft Liegende und bietet uns Ersatz dafür an, um uns davon abzuhalten, dahin zu gelangen.

Jede Organisation oder tief verwurzelte Methode, die verhindert, dass wir eine Beziehung mit Gott haben, ist im Grunde ein dämonisches System. Da Gott als Einziger allmächtig und allgegenwärtig ist, können Satan und seine Mächte nicht überall gleichzeitig sein. Aber sie haben das System der Welt so erfolgreich infiltriert, dass es uns davon abhält, Gott in unserem Leben an die erste Stelle zu setzen. Schau dich um und du wirst sehen, was ich meine. Wir haben:

1. Ein Bildungssystem, das unseren Kindern beibringt, dass es keinen Gott gibt, und die Arbeit christlicher Eltern, die sich bemühen, gute Moral und gottgefälligen Charakter in ihre Kinder hineinzulegen, untergräbt
2. Ein Unterhaltungssystem, das den sündigen Lebensstil zur Schau stellt und biblische Werte offenkundig verspottet
3. Ein Rechtssystem, das darauf ausgerichtet ist, jede Verbindung zu Gott und den gottesfürchtigen Grundprinzipien unseres Landes zu beseitigen
4. Eine Gesetzgebung, die Abtreibung oder für Partner gleichen Geschlechts eine Eheverbindung befürwortet
5. Religiöse Systeme werden:

1. von einem Isebel- oder von einem Ahab-Geist kontrolliert und
2. so in Tradition hineingetaucht, dass Offenbarung nicht mehr existiert und
3. falsche Lehre so fördern, dass geistliche Reife verhindert wird
6. Ein Bankensystem, das die Massen versklavt und nur ein paar wenige Privilegierte profitieren lässt
7. Herrschaftssysteme, die voller Gier und Korruption sind, was zu Armut, Mord und Völkermord führt

Dämonische Systeme können so in die Kultur eingebettet werden, dass die Gesellschaft dahin gebracht wird zu denken, sie könnten ohne diese dämonischen Systeme nicht länger ausreichend funktionieren. Um zu vermeiden, den Status quo zu stören, wird sogar das Leiden der Hilflosen toleriert.

Über dämonische Systeme Autorität zu ergreifen ist kein Spiel. Es erfordert geistliche Reife und außerordentliche Unterscheidung. Jesus zeigte diese Art der Autorität auf, als er den besessenen Gerasener freisetzte.

Der Mann zwischen den Gräbern

Dämonen sind Geister ohne Körper. Bevor Gott Luzifer und seine Kohorten aus dem Himmel warf, hatten sie sichtbare Körper. Das veränderte sich, als sie an der Rebellion teilnahmen. Seitdem schweifen sie herum und suchen einen Ort, an dem sie wohnen können.

Die Schrift sagt, dass ein Mann, der seine Wohnung zwischen den Grabstätten hatte, von einer Legion[8] Dämonen

---

[8] Eine Legion waren 6 000 Männer. Auch wenn wir nicht sagen können, dass 6 000 Dämonen diesen armen Menschen bewohnt haben, können wir doch mit Sicherheit sagen, dass es mehr wie nur ein paar waren.

besessen war. Trotzdem war es so, dass er, als er sah, dass Jesus näherkam, auf ihn zu rannte und zu seinen Füßen fiel. (Markus 5,1-9)

Als Jesus den Mann auf sich zu rennen sah, floh er nicht in die entgegengesetzte Richtung, wobei ich sicher bin, dass einige der Jünger ein inneres Drängen hatten wegzurennen. Dieser Mann trug außer den Überresten von Ketten nichts an seinem Körper (Lukas 8,27), er war dreckig und blutig, weil er sich selbst geschnitten hatte (Markus 5,5). Anstatt ihn abstoßend zu empfinden, hatte Jesus Mitgefühl für diesen Mann, der dringend eine Beziehung zum Vater brauchte.

Als Jesus den Dämonen befahl zu weichen, baten sie um Erlaubnis, in eine nahe liegende Herde von Schweinen zu gehen. Sobald sie in den Schweinen waren, die offensichtlich lieber tot als mit Dämonen besessen sein wollten, rannten diese kopfüber die Klippen hinunter und ertranken im See. (Markus 5,10-13)

Dies sollte das glückliche Ende einer traurigen Geschichte sein, aber das war es nicht. Als die Leiter der Stadt hörten, dass sie ihre Schweineherde verloren hatten, wurden sie so verängstigt, dass sie Jesus baten, wegzugehen (Markus 5,15; Lukas 8,35).

Schweine zu züchten war das Rückgrat des nichtjüdischen Wirtschaftssystems. Sie befürchteten offenbar eine Störung in ihrem Status quo, der ihre Finanzen beeinflussen würde. Sie waren so ins Wirtschaftssystem hinein versklavt, dass sie Geld mehr wertschätzten als Menschenleben. Ihnen war lieber, dass Jesus wieder fortging. „Lass den Dämonisierten einfach weiter leiden, taste vor allem nicht mein Einkommen an." Du musst nicht lange suchen, um zu erkennen, dass das Gedankengut der Gerasener weiterhin mitten unter uns ist.

Die Mission der Gemeinde beschränkt sich nicht nur auf die Freisetzung des Mannes, der bei den Gräbern lebte. Die ganze Gesellschaft, die von den dämonischen Systemen gefangen genommen wurde, braucht Freisetzung. Bis jetzt haben uns die Strategien des Feindes damit beschäftigt gehalten, dass wir auf Symptome einschlagen, ohne jemals das System zu konfrontieren. Doch das wird sich in Kürze ändern!

Die erste Kampfregel

Als Vertreter Christi haben nur wir das legitime Recht dämonische Systeme anzugehen, die hinter den Kulissen am Wirken sind. Wenn wir mit dämonischen Mächten konfrontiert werden, müssen wir seinem Vorbild folgen: **sie austreiben!** Aber wenn du denkst, der Feind verlässt kampflos das Feld, steht dir eine Überraschung bevor.

Ich würde ihm zwar nicht unnötig und vorsätzlich meine Aufmerksamkeit widmen, aber eine der ersten Regeln im Kampf ist: „Kenne deinen Feind!" Bevor diese Mächte angegangen werden, müssen wir zuerst herausfinden, wer sie eigentlich sind. Jesus hatte auch zuerst durch seine Unterscheidung bestimmt, was mit den Gerasenern tatsächlich los war.

Ein Teil der Kampfstrategie des Feindes ist unsere Unfähigkeit, ihn zu erkennen. Und das kann unter Umständen auch gar nicht so einfach sein: Er wechselt gern sein Erscheinungsbild – in 1. Mose wird er als Schlange bezeichnet, im 2. Korinther als Engel des Lichts und in der Offenbarung dann als Biest.

Die Veränderung seines Auftretens ist Teil seines verführerischen Wesens. Jesus sagte:

> *„Ihr seid aus dem Vater, dem Teufel, und die Begierden eures Vaters wollt ihr tun. Er war ein Menschenmörder von Anfang an und steht nicht in der Wahrheit, weil keine*

Wahrheit in ihm ist. Wenn er die Lüge redet, so redet er aus seinem Eigenen, denn er ist ein Lügner und ihr Vater".
(Johannes 8,44)

Seine Trickkiste beinhaltet die Macht, Menschen dahingehend zu verführen, dass sie glauben, dass es ihn gar nicht gibt und dass diejenigen, die glauben, dass es ihn gibt, einfach abergläubisch oder ungebildet dastehen. Natürlich würde ihm nichts mehr gefallen, als dass die Menschen seine Existenz völlig ignorieren.

Geistliches Maulwurf-Schlagen

Klare Indikatoren für das Überhandnehmen dämonischer Systeme sind: Drogenabhängigkeit, Kinderpornografie, Bandenaktivitäten, Menschenhandel, Aids, Terrorismus, falsche Religionen, Armut, Alkoholismus, gleichgeschlechtliche Ehen, Scheidung, Selbstmord und mehr. Die Liste der Nebenprodukte von dämonischem Wirken ist weit davon entfernt, vollständig zu sein.

Wenn Satan es schafft, uns auf das Problem fokussiert zu halten, dann weiß er, dass wir im geistlichen „Maulwurf-Schlagen" beschäftigt bleiben. Die Begegnung von Jesus mit dem Gerasener lehrt uns, dass wir unseren Fokus anpassen und dann dem Problem nachgehen, das sich **hinter** dem Problem verbirgt.

Der Apostel Paulus lebte unter einer der schlimmsten Regierungen der Geschichte. Und er hatte eine zweigleisige Strategie, um das Problem hinter dem Problem in Angriff zu nehmen: sein Gebet und seinen Lebensstil. Seine Gebete bewegten die Hand, welche die Welt kontrolliert und sein Lebensstil demonstrierte, dass Jesus etwas sehr viel Besseres anzubieten hat.

Paulus hatte nie eine Demo angeführt, einen Boykott initiiert oder an Protestbrief-Kampagnen teilgenommen. Aber er war auf jeden Fall ein Agent der Veränderung. Bevor wir weitergehen, möchte ich noch festhalten, dass ich nicht gegen Märsche, Boykotte oder das Schreiben von Briefen bin. Wenn du in irgendeiner Form von Protestaktivitäten involviert bist, höre nicht damit auf. Aber lass es auch nicht allein darauf beruhen!

Gott hat uns berufen, Agenten für Veränderung zu sein – aber nicht nur, indem wir im Elternbeirat oder als Regierungsbeamte tätig sind. Echte Veränderung kommt, wenn die Schweineherde sich ins Meer wirft und die Gesellschaft sich über eine großartige Befreiung freut. Keine Petition der Erde kann genügend Themen einschließen, kein Protestmarsch groß genug sein, keine Briefkampagne ausreichend ausgearbeitet, um diese Art der Veränderung zu bewirken. Diese Veränderung kann nur stattfinden, wenn die Gläubigen anfangen, geistliche Autorität über „dem Problem hinter dem Problem" auszuüben.

Um volle Autorität über dieses dämonische System zu ergreifen, das seine Gestalt wechselt, muss die Gemeinde ein paar neue Strategien in Angriff nehmen. Hier ist ein Ausgangspunkt:

1. Biete etwas Besseres

Wenn Ungläubige deinen Lebensstil untersuchen, ist er dann so attraktiv, dass sie anfangen zu sagen: „Das will ich auch!"? Oder sagen sie eher: „Danke, ... ähm, nein danke!"

Als Petrus und Johannes den gelähmten Mann am Tempel geheilt hatten, „sprang er auf, stand da und ging umher; und er ging mit ihnen in den Tempel hinein, ging umher und sprang und lobte Gott. Und das ganze Volk sah ihn umhergehen und Gott loben; sie erkannten ihn aber, dass er der war, der wegen des Almosens an der Schönen Pforte des Tempels gesessen hatte; und sie wurden mit Erstaunen und Verwirrung erfüllt über das, was sich mit ihm ereignet hatte.

> Während er aber Petrus und Johannes festhielt, lief
> das ganze Volk voll Erstaunen zu ihnen zusammen in der
> Säulenhalle, die „Halle Salomos" genannt wird.
> *(Apostelgeschichte 3,8-11)*

Die Zeugen dieses Wunders waren genau dieselben Personen, welche die Kreuzigung Jesu gefordert hatten. Doch als ein Mann total wiederhergestellt war, kam es dazu, dass *„viele aber von denen, die das Wort gehört hatten, glaubten; und die Zahl der Männer wurde etwa fünftausend" (Apostelgeschichte 4,4)*.

Genauso wie der lahme Mann vor Freude im Tempelhof herumhüpfte, hat jedes erhobene Leben die Fähigkeit, „Verwunderung und Erstaunen" zu inspirieren und andere Menschen zu Jesus zu ziehen. Wenn sie erkennen, dass Jesus eine bessere Hoffnung anzubieten hat, eine größere Freude und ein besseres Leben als all diese dämonischen Systeme, wer würde dann keine Veränderung wollen?

Unsere Aufgabe ist es, sie wissen zu lassen, dass Jesus mehr Trost bietet als Alkohol, ein höheres Hoch als Drogen, mehr Zufriedenheit als materielle Besitztümer und eine tiefere Begegnung als ein One-Night-Stand. Wenn sie es in uns nicht sehen können, werden sie es niemals sehen!

2. Lebe in Gehorsam Gott gegenüber

Man braucht nicht viel Verständnis um zu erfassen, dass wir dem Teufel nicht einfach so befehlen können, das Unterhaltungssystem zu verlassen, wenn wir selbst an einem versteckten Ort Erwachsenen-Zeitschriften gestapelt haben. Gehorsam beginnt da, wo wir die erste Dimension geistlicher Autorität beherrschen: unser Fleisch, unsere Gedanken und unsere Gefühle.

Du kannst dem Feind nicht befehlen, das Regierungs- oder Bildungssystem zu verlassen, wenn er bei dir zu Hause freie

Herrschaft ausüben darf, sei es in deinen weltlichen Bereichen oder im geistlichen Dienst. Er wird dir einfach nur ins Gesicht lachen und weiterhin genau das tun, was er bisher tat. Ein Lebensstil des Gehorsams gewährt das legitime Recht, dem Feind direkt in die Augen zu schauen und ihm zu befehlen, aus dem Weg zu gehen!

Paulus wusste, dass ein Lebensstil des Gehorsams zu Gottes Ehre Veränderung hervorbringt. Er wusste auch, dass die Welt mithilfe von Christen verändert werden würde. Christen, die entsprechend der Wahrheit leben, die Jesus lehrte – nicht durch Gewalt, sondern durch Entscheidung. Ein Lebensstil des Gehorsams ist ein zweischneidiges Schwert: Er gibt dir das Recht, dem Teufel zu sagen, dass er Gebiete loslassen muss, während es der Welt eine Alternative bietet, wie sie ohne die dämonischen Systeme besser leben kann.

3. Bete und faste mit Zielrichtung

Wie der natürliche Bereich gewissen Gesetzen untergeordnet ist – beispielsweise Newtons Gesetz der Schwerkraft und der Bewegung – so gibt es auch im geistlichen Bereich Gesetze. Als geistliches Wesen ist Satan den Prinzipien, die diese geistlichen Dimensionen beherrschen, untergeordnet. Eines dieser Prinzipien ist, dass wenn du Autorität über dich selbst gewinnst, der Durchbruch in anderen Bereichen ermöglicht wird.

Unser Feind ist begeistert, wenn wir das Fasten mit überholten, uneffektiven und gesetzlichen Gemeindepraktiken assoziieren. Das ist natürlich derselbe Teufel, der will, dass du glaubst, dass er nicht existiert. Die Wahrheit ist, dass zielgerichtetes Fasten und Gebet für ihn den Untergang bedeutet, weil du lernst, wie du über dich selbst Autorität ergreifst.

„Zielgerichtet" bedeutet, dass dein Intellekt nun einen formulierten, strategischen Plan für das Gebet und das Fasten hat. Manchmal kann Fasten von einer Krise angetrieben sein. Auch wenn diese Art des Fastens seine eigene Zeit und Bestimmung hat, spreche ich hier von einem Lebensstil, bei dem man sich vorsätzlich entscheidet, einen bestimmten Tag (oder mehrere Tage) in der Woche zu nehmen, sich dem körperlichen Appetit zu verweigern und dem Gebet zusätzliche Zeit einzuräumen.

Um wahre Autorität auszuüben, musst du zuerst selbst unter Autorität sein. Fasten und Gebet bringt das ganze Selbst – Körper, Gedanken und Gefühle – in Unterordnung und öffnet den Weg, um Autorität über alle geistlichen Dimensionen einzunehmen, besonders den dämonischen Bereich.

Wir fasten nicht, um Gott damit unter Druck zu setzen. Wir setzen vielmehr unser Fleisch unter Druck, indem wir uns selbst in Unterordnung zwingen. Das gibt dir Autorität, um dann gegen das „Problem hinter dem Problem" zu gehen.

Tongefäße und Trompeten

Vor zweitausend Jahren erklärte Jesus, wie echte Veränderung in dämonischen Systemen ersichtlich wird, wenn wir das „Problem hinter dem Problem" angehen. Aus dem Gesichtspunkt der Welt ist es unmöglich, im geistlichen Kampf siegreich zu sein. Doch erfreulicherweise sehen wir die Dinge nicht so wie sie.

Ein Tongefäß und Trompeten stellen als Waffen der Kriegsführung, eine Strategie zur totalen Niederlage dar. Aber für Gideons Armee wurden sie zu Gottes siegreicher Strategie.

Jahrelang waren die Israeliten von den Midianitern methodisch unterdrückt worden. Sie hatten ihre Lebensgrundlage zerstört und sie so weit eingeschüchtert, dass sie sich nur noch in Höhlen versteckten. Dann sagte Gott zu Gideon, der das schwächste Mitglied von Israels schwächstem Clan war (Richter 6,15), dass er 300 unbewaffnete Männer auswählen und mit ihnen gegen eine Armee von Tausenden von Midianitern kämpfen sollte.

Gideons Krieger durften nur eine Trompete und eine in einem Tongefäß versteckte Fackel mitbringen.

Dem Auftrag entsprechend gehorsam konfrontierten Gideon und seine Männer die Midianiter bei Nacht. Als das Signal gegeben wurde, bliesen die Männer in ihre Trompeten, zerbrachen die Tonkrüge und ließen ihre Fackeln lodern. Die Midianiter waren so verängstigt und verwirrt, dass sie anfingen sich gegenseitig zu zerstören. Das war ein erstaunlicher Sieg für Gideons Armee!

Wir haben aber diesen Schatz in irdenen Gefäßen, damit die Überfülle der Kraft sei Gottes und nicht aus uns.
(2. Korinther 4,7)

Du bist Gottes Tongefäß. In dir ist das Licht der Welt. Indem du das Tongefäß zerbrichst oder anders ausgedrückt, Autorität über dich selbst einnimmst, kann Gottes Herrlichkeit durch dich scheinen. So werden die Verlorenen zu seiner Güte angezogen und wir vernichten die Finsternis des Feindes. Komm heraus aus deiner Höhle! Lass das Licht von Jesus Christus scheinen!

12 – Autorität über Ressourcen

Gott will dir etwas geben

„Mein ist das Silber und mein das Gold, spricht der Herr der Heerscharen." (Haggai 2,8)

Iwan Petrowitsch Pawlow gewann 1904 den Friedensnobelpreis, weil er ein besseres Verständnis für die konditionierte Reaktion von Hunden entdeckte. Seine Experimente bestanden darin, dass er jeden Tag eine Glocke läutete, bevor er die Hunde fütterte. Nach einer gewissen Zeit regte das Läuten der Glocke das Verdauungssystem der Hunde an, und zwar unabhängig davon, ob tatsächlich Fressen da war oder nicht.

Da wir Menschen diese pawlowschen Reaktionen teilen, hat vermutlich schon das reine Lesen dieses Kapitels folgende Reaktionen in dir ausgelöst:

1. Du warst begeistert, weil du dachtest, dass ich kurz davor war dir zu sagen, dass Gott Geld auf dein Konto tun will, damit du ein größeres Haus oder ein neues Auto anschaffen kannst.

2. Du hast unbewusst darüber gespottet, dass ich möglicherweise sagen würde, dass Gott dir Geld auf dein Konto tun

will, damit du ein größeres Haus oder ein neues Auto kaufen kannst.

3. Du hast dich geärgert, weil du dachtest ich würde dich bitten, dass du mehr Geld in meinen Dienst gibst, damit Gott Geld auf dein Konto schafft, damit du ein größeres Haus oder ein neues Auto kaufen kannst.

Die Gemeinde ist so voll von falscher Lehre über Gott und seine Versorgung (wie zum Beispiel über das Thema Geld), dass jede dieser Reaktionen verständlich ist. Die meisten Lehren über Finanzen irren in einem dieser extremen Bereiche: die Wohlstandslehre, die sagt, dass Gott uns bedingungslos mit Finanzen überschütten will, während die Armutslehre sagt, dass wir Gott verherrlichen, indem wir Mangel haben und zu seiner Ehre leiden. Auch wenn beide Parteien teilweise recht haben, bedeutet das wahrheitsgetreue Element in jeder Theologie insgesamt nicht das, was Gott eigentlich gemeint hat. Es gibt auch eine dritte Position.

Himmlisches Sponsoring

Die Schrift ist voll von Gottes Versprechen für finanzielle Segnungen. Obwohl Bedingungen an diese Segnungen geknüpft sind, gehört Leiden **nicht** dazu.

Und es wird geschehen, wenn du der Stimme des Herrn, deines Gottes, fleißig gehorchst, dass du darauf achtest, alle seine Gebote zu tun, die ich dir heute gebiete, so wird der Herr, dein Gott, dich zur höchsten über alle Nationen der Erde machen; und alle diese Segnungen werden über dich kommen und werden dich erreichen, wenn du der Stimme des Herrn, deines Gottes, gehorchst.
(5. Mose 28,1-2)

„Gott wird dich zur höchsten über allen Nationen der Erde machen" – hier geht es um deine Erhebung.

„Wenn du der Stimme des Herrn, deines Gottes, gehorchst" – und hier geht es um die Vorbedingungen für deine Erhebung.

Ich spreche nicht von Gesetzlichkeit oder Religion. Auch wenn du Gottes Segnungen nicht verdienen kannst, musst du doch gehorsam sein, um geistliche Autorität zu erhalten.

Gott möchte dich segnen. Sowohl die Schrift als auch Erfahrung offenbaren, dass das die Wahrheit ist. Dennoch ist es nirgendwo in der Bibel so, dass der Grund, weshalb du gesegnet bist, der ist, dass deine persönlichen Bedürfnisse erfüllt werden. Das ist zwar oft ein Nebenprodukt seines Segens, aber es ist nicht der Hauptgrund.

Gott weiß, dass jegliche anhaltende Erhebung auch die erfordert, dass man Autorität über finanzielle Ressourcen hat. Schon vor deiner Geburt kannte er deine Bestimmung. Zum Zeitpunkt deiner Geburt setzte er die notwendigen Ressourcen frei, damit du deinen Auftrag bestimmen kannst. Da diese Ressourcen bereits existieren, musst du geistliche Autorität ausüben, um sie in deinem Leben freigesetzt zu sehen. Das ist sogar die einzige Art und Weise, wie deine erfolgreich erfüllte Mission Gott Ehre bringen kann.

Fette Kohle

Da Gottes Ruf mit auf dem Spiel steht, muss die Versorgung benötigter Ressourcen für deine Erhöhung Teil seines Planes sein:

Sondern du sollst dich daran erinnern, dass der Herr, dein Gott, es ist, der dir Kraft gibt, Vermögen zu schaffen; ***damit er seinen Bund aufrechterhalte, den er deinen Vätern geschworen hat,*** *wie es an diesem Tag ist.*
(5. Mose 8,18)

Es ist entscheidend wichtig, dass Gott sein Wort umsetzt. Da er verheißen hat, dass sein Volk für die ganze Welt ein Segen sein wird, erfordert es mehr als etwas Flohmarktgeld, um diese Verheißung zu erfüllen. Übernatürliche Ressourcen werden benötigt.

Die direkte Übersetzung hier bedeutet Vermögen. Gott hat versprochen uns Vermögen zu geben, damit wir noch mehr Vermögen schaffen können. Also der ganze Grund, warum bei Gründungen investiert wird, ist, dass sein Bund, den er den Vätern zu etablieren geschworen hat, gesponsert wird und er sein Volk zu einem Segen für die gesamte Welt machen kann!

Genau das, was wir brauchen!

Es wird enorme Finanzen erfordern, das Königreich zu bauen. Sei es ein Waisenheim in Afrika oder eine Gemeinde in Indien oder eine Innenstadt-Evangelisation in Amerika. Als seine Repräsentanten auf der Erde haben wir heute dieselbe übernatürliche Autorität über Ressourcen, wie Jesus sie hatte. Das ist eine gute Sache, da diese Art von Autorität zwangsläufig notwendig ist, damit wir unseren Auftrag erfüllen können.

Sieh dir einmal an, wie Jesus übernatürliche Autorität über Ressourcen ausübte:

- *„Der Herr braucht es" (Markus 11,1-3)*. Mit diesen einfachen Worten banden zwei Jünger ein Eselsfüllen los, auf dem noch niemand geritten war. Wenn du dich fragst, ob dieser Befehl übernatürlich war, dann solltest du im Hinterkopf haben, dass der Wert für einen Esel damals dem eines neuen Cadillacs heute entsprach. Wie viele Leute können auf einen Fremden zugehen und sagen: „Der Herr braucht deinen Wagen" und sie würden ihn ihm freudig geben?

- Mindestens zwei Mal gab Jesus Zehntausenden von hungrigen Menschen mit ein paar Broten und Fischen zu essen (Matthäus 14, Matthäus 15, Markus 6, Lukas 9, Johannes 6). Wenn du Teenager in der Familie hast, ist dein Verständnis dafür, was dieses Wunder bedeutet, noch tiefer!

- Indem Petrus der Anleitung Jesu gefolgt ist, fing er einen Fisch mit einer Münze im Maul, durch die er in der Lage war, die Steuer für sie beide zu bezahlen (Matthäus 17,24-27). Damit das geschehen konnte, musste ein bestimmter Fisch übernatürlich von einem ganz bestimmten Objekt am Grunde des Sees angezogen werden, einen unstillbaren Hunger dafür entwickeln diese Metallmünze zu verzehren und dann genau dahin schwimmen, wo Petrus gerade war und seine Angel auswarf. Dann musste er den Köder so unwiderstehlich finden, dass er – obwohl er das Maul voller Metall hatte – den Angelhaken verschluckte. Die Wahrscheinlichkeit, dass jemand zehnmal von einem Blitz getroffen wird, ist vermutlich höher als die Kombination dieser Ereignisse. Aber das war eine der Art und Weisen, wie der Herr übernatürliche Ressourcen freisetzte.

Jesus war nicht der Einzige, der übernatürliche Autorität über Ressourcen demonstrierte. In der ganzen Bibel finden wir viele göttliche Bestimmungen, die mit übernatürlichen Ressourcen verbunden waren.

- Nehemias Auftrag, die Mauer von Jerusalem wiederaufzubauen, zwang heidnische Könige dazu, in ihren Geldbeutel zu greifen und ihm ihre American-Express-Black-Karte zu überreichen. Man könnte es damit vergleichen, dass der Leiter von Nordkorea hundert Waisenheime in Afrika sponsert. Der Grund, warum es als übernatürlich betrachtet wird, ist, dass so etwas im Natürlichen niemals geschehen würde.

- In einem Land, in dem die Königin dafür umgebracht würde, wenn sie den König ohne dessen Aufforderung ansprach, bekam Königin Esther Autorität dafür, ihr jüdisches Volk in allen 127 Provinzen zu erheben. Unabhängig von dem Land oder der Kultur, in der Gottes Kinder leben mögen, Gott kann sie trotzdem segnen. Obwohl Esther eine jüdische Königin war, hatte ihr heidnischer Mann König Ahasveros die ganze Macht. Dass er solch erstaunliche Autorität an Esther und ihren Cousin Mordechai übergab, der sie adoptiert hatte, war nichts anderes als übernatürlich.

- Aufgrund ihres Gehorsams hatten eine Witwe und ihr Sohn übernatürlich täglich ausreichend zu essen, während der Rest der Nation unter extremer Hungersnot litt. Als Elia ihr die Anweisung gab, dass sie ihm von ihren letzten Resten an Öl und Mehl einen kleinen Kuchen backen sollte, gehorchte sie ihm (1. Könige 17,10-15). Und das wurde der Grund, warum sie für die nächsten dreieinhalb Jahre niemals einen Mangel an Essen hatte.

Bevor du eine pawlowsche Reaktion auf diese Geschichte hast und denkst, dass ich dich jetzt bitten werde, einen Samen zu säen, um meine Gier zu nähren, damit deiner Not begegnet wird, beachte folgende zwei Dinge:

- Der Gehorsam der Witwe gegenüber Gott – nicht gegenüber Elia – setzte übernatürliche Ressourcen frei. *„Mach dich auf, geh nach Zarpat, das zu Sidon gehört, und bleib dort. Siehe, **ich habe dort einer Witwe geboten, dich zu versorgen**"* (1. Könige 17,9).

- Gottes Plan bestand darin, die Witwe und ihren Sohn zu versorgen (und wiederum nicht Elia). Er hätte den Raben befehlen können, dass sie den Propheten weiterhin ausreichend mit Essen versorgen (1. Könige 17,2-5), aber es war Gottes Wunsch, diese Witwe zu segnen. Elia wurde zum Schlüssel, der für sie übernatürliche Ressourcen freisetzte, aber die geistliche Reife der Witwe, die sich in ihrem Gehorsam widerspiegelte, setzte einen Durchbruch im Bereich von Autorität über Ressourcen frei.

Extrem übernatürlich

Im Cajun-Dialekt kann das Wort „sehr" ersetzt werden, in dem man dasselbe Adjektiv zweimal benutzt. Wenn beispielsweise eine Languste besonders scharf gewürzt ist, ist sie statt „sehr scharf" dann „scharf scharf". Manche glauben, dass die afrikanischen Kulturen, die diese Sprache nutzen, diese Ausdrucksweise von den Sklaven übernommen haben, die in den Plantagen von Louisiana arbeiteten.[9] Wenn es übernatürlich war, inmitten einer extremen Dürre und Hungersnot drei Jahre lang versorgt zu bleiben, dann war Israels Erfahrung in der Wüste extrem übernatürlich.

Die Wüste, in der Israel vierzig Jahre lang wanderte, hat in zehn Jahren weniger als 0,3 Zentimeter Regenfall. Doch zweieinhalb Millionen Menschen von Gottes Volk übten übernatürliche Autorität über übernatürliche Ressourcen aus und gediehen vier Jahrzehnte in dieser wenig gastfreundlichen Umgebung. Sie aßen täglich Engelsnahrung und tranken von einem Fluss, der konstant aus einem schwebenden Felsen floss, der sie auf ihrer Reise begleitete.

Alles gehört Gott!

Der Auftrag Israels war es, in Kanaan eine tragfähige Gesellschaft zu bauen. Gott stellte von dem Gold und Silber, das

---

[9] http://louisianacajunslang.com/language.html

die Ägypter Israel bei ihrer Abreise bereitwillig gegeben hatten, Ressourcen für diese Mission bereit (2. Mose 12,35-36).

Ich habe das Wort „geben" benutzt, denn tatsächlich ist es so, dass das Gold und Silber, das sie verschenkten, eigentlich gar nicht ihnen gehörte. Die Ägypter hatten es nur als Reserve gehalten, bis Gottes Volk bereit war, seine Bestimmung zu erfüllen. Du musst wissen: Alles gehört unserem Vater!

Des Herrn ist die Erde und ihre Fülle, der Erdkreis und die darauf wohnen (Psalm 24,1).

Da Gott der rechtmäßige Eigentümer von **allem** ist, kann er damit tun, was ihm gefällt. Sollte das mit einschließen, dass er dich segnen will, dann kann ihn nichts davon abhalten!

Gewöhnliche Maßnahmen unter gewöhnlichen Umständen einzusetzen wird einen vorhersehbaren Ausgang hervorbringen. Doch Gott möchte, dass du aus dem gewöhnlichen Bereich in den Bereich übernatürlicher Autorität in extrem übernatürliche Ressourcen hineintrittst. Du bist auf jeden Fall dabei, aufwärts zu steigen, wenn gewöhnliche Handlungen beginnen ungewöhnliche Resultate hervorzubringen:

- Petrus warf eine gewöhnliche Angel in einem gewöhnlichen See aus
- Nehemia bat König Artaxerxes ganz normal um Zeit und Geld
- Die Witwe von Zarpat bereitete auf gewöhnliche Weise ein gewöhnliches Essen vor

Da du einen übernatürlichen Vater hast, löse dich davon gewöhnliche Ergebnisse zu erwarten! Alles was er tut, ist per Definition übernatürlich. Alles andere wäre für ihn unnatürlich.

Gott hat den Willen und das Recht, dich übernatürlich zu segnen. Alles gehört ihm und es entspricht seiner übernatürlichen Natur, dich auch übernatürlich zu segnen.

Der Beweis

Es ist nicht außergewöhnlich, von einem kleinen Strom mitten in der Wüste zu trinken, aber es ist übernatürlich, dass ein Fluss aus einem beweglichen, schwebenden Felsen hervorströmt. Datteln oder Wüstenhasen mitten in einer Wüste zu essen ist nicht ungewöhnlich, aber es ist auf jeden Fall ungewöhnlich, jeden Morgen mit Manna vom Himmel versehen zu werden.

Israel durch die Wüste zu führen war Gottes Art und Weise, ihnen unmissverständlich zu beweisen, dass sie seiner übernatürlichen Fähigkeit, sie egal in welcher Umgebung oder unter welchen Umständen zu versorgen, vertrauen konnten (Hosea 2,14).

Anstatt mit Staunen und Dankbarkeit zu reagieren, meckerten sie und hinterfragten seine Motive:

Und sie versuchten Gott in ihren Herzen, indem sie Speise forderten für ihre Gier.
Und sie redeten gegen Gott; sie sprachen: Sollte Gott in der Wüste einen Tisch bereiten können?
Siehe, den Felsen hat er geschlagen, und Wasser flossen heraus, und Bäche strömten; wird er auch Brot geben können, oder wird er seinem Volk Fleisch verschaffen?
Darum, als der Herr es hörte, ergrimmte er, und Feuer entzündete sich gegen Jakob, und auch Zorn stieg auf gegen Israel, weil sie Gott nicht glaubten und nicht vertrauten auf seine Rettung. (Psalm 78,18-22)

Also sandte er Feuer vom Himmel und zerstörte sie (nicht wirklich, aber nur weil Gott nicht so ist wie wir Menschen). Seine Liebe, Geduld und Gnade übersteigen unser Verständnis. Sogar in seinem gerechtfertigten Ärger segnete er sie.

*Und **doch** hatte er den Wolken oben geboten und die Türen des Himmels geöffnet und Manna auf sie regnen lassen, damit sie äßen, und ihnen Himmelsgetreide gegeben. Der Mensch aß Brot der Starken, Speise sandte er ihnen bis zur Sättigung. (Psalm 78,23-25)*

Gottes Güte

Güte ist die wahre Natur des Gottes, dem du dienst. Es macht ihm so große Freude, dich zu segnen, dass er es weiterhin tut, auch wenn du eigentlich seine Wut verdient hättest (und das ist vermutlich öfter, als du es wagen würdest zuzugeben). Er gibt kein „gerade so genug, dass man über die Runden kommt". Er gibt überschwänglich „*Speise ... bis zur Sättigung*".

Nicht nur das – und das wird jetzt deine religiöse Tradition wirklich durcheinanderbringen – Gott liebt und genießt es so sehr, Menschen zu segnen, dass er diejenigen segnet, die Ungerechtigkeit praktizieren, um sie dadurch zur Umkehr zu bringen.

Religion lehrt, dass Gott verantwortlich dafür ist, wenn du Krebs hast, dein Erstgeborener von dir genommen wird oder du bankrottgehst. Aber das ist nicht, was sein Wort sagt. Die Güte Gottes – nicht seine Wut – führt zur Umkehr.

Oder verachtest du den Reichtum seiner Güte und Geduld und Langmut und weißt nicht, dass die Güte Gottes dich zur Buße leitet. (Römer 2,4)

Königreichskultur

Religion und Kultur verhindern Erhebung, weil sie dich davon abhalten, die kühne Wahrheit von Gottes Wort anzunehmen.

12 Dimensionen geistlicher Autorität

> *Der Herr wird dir den Segen entbieten in deine Speicher und zu allem Erwerb deiner Hand, und er wird dich segnen in dem Land, das der Herr, dein Gott, dir gibt.*
> *(5. Mose 28,8)*

Da wir in einer gefallenen Welt aufgewachsen sind, wurden wir mit falscher Lehre indoktriniert (diese letzten Worte bringen dich jetzt vielleicht zum Ausrasten). Religion hat uns gelehrt, dass wir Gottes Anerkennung und Segen verdienen müssen, während die amerikanische Kultur uns lehrt, dass es nichts umsonst gibt. Beide Philosophien widersprechen Gottes Wort. Er hat nicht versprochen dich in dem Land zu segnen, wenn du es verdient hast. O nein! In dem Land, das Gott dir gibt, will er dir Segnungen **schenken!**

Die meisten Gläubigen sind so von Religion und Tradition angesteckt, dass sie es nicht schaffen, diese erstaunliche Wahrheit zu erfassen. Im Königreich gibt uns seine überfließende Gnade das, wofür wir niemals hart oder lang genug hätten arbeiten können, um es zu verdienen. Höre auf zu versuchen, Gottes Segnungen zu verdienen. Das schaffst du sowieso nie!

Richte dein Herz auf deine Wege

Ich hoffe, dass du inzwischen entdeckt hast, dass das gewisse „Etwas", das Gott dir schenken möchte, nicht ein größeres Haus oder ein neues Auto ist. Er will dir übernatürliche Autorität über übernatürliche Ressourcen geben, damit du das Übernatürliche ausführen kannst – und dadurch langfristig dein Leben erheben kannst!

> *Ihr habt viel gesät und wenig eingebracht; ihr esst, aber nicht zur Sättigung; ihr trinkt, aber nicht zur Genüge; ihr kleidet euch, aber es wird keinem warm; und der Lohnarbeiter erwirbt Lohn für einen durchlöcherten Beutel.*

So spricht der Herr der Heerscharen: Richtet euer Herz auf eure Wege. (Haggai 1,6-7)

Wenn du dich selbst in diesem Vers kurz wiedergefunden hast, habe ich eine gute Nachricht für dich: Du bist das Problem! Das ist gut zu wissen, denn dich kannst du verändern. Haggai bittet dich nicht, etwas in Betracht zu ziehen, das außerhalb deiner Kontrolle ist. Er sagt „richtet euer Herz auf eure Wege"... oder auf die Art und Weise, wie ihr denkt. Wenn wir Geld in eine Tasche mit Löchern werfen, liegt das Problem nicht bei Gott. Seine Wege brauchen niemals Veränderung. Aber **meine** schon ... und **deine** auch!

Gott möchte dir alles geben, was du brauchst, um seinen übernatürlichen Plan zu erfüllen, aber bis die Löcher in deinem Geldbeutel repariert sind, kann er dir nicht seine übernatürlichen Ressourcen anvertrauen.

Hier ist eine gute „Löcher-stopfende" Checkliste:

1. **Glaube,** dass Gott dich segnen will.
2. **Bitte** mit den richtigen Motiven.
3. **Arbeite** intensiv für deine Berufung.
4. **Verstehe** deinen Auftrag.
5. **Setze** das, was er dir gegeben hat, mit Weisheit ein.
6. **Tu** alles mit Integrität.
7. **Ehre** Gott mit dem, was ihm gehört.

13 – Autorität über Zeiten

„Krümel vom Tisch"

Gepriesen sei der Name Gottes von Ewigkeit zu Ewigkeit! Denn Weisheit und Macht, sie sind sein. Und er ändert Zeiten und Zeitpunkte. (Daniel 2,20-21a)

Südlouisiana hat zwei Jahreszeiten: die verregnete Jahreszeit und die nicht-so-verregnete Jahreszeit. Der durchschnittliche Regenfall beträgt etwas mehr als 1,50 Meter im Jahr,[10] weshalb es dort wunderschöne, grüne Landflächen gibt, in denen viele Stechmücken wohnen. Als ich dort aufwuchs, konnte ich mir keinen Ort auf der Erde vorstellen, der so trocken war wie die Wüste, in der Israel vierzig Jahre lang umherwanderte.

Als ich dann beim Reisen die Grenzen meines Bundesstaates überschritt, realisierte ich natürlich, wie falsch meine Wahrnehmung war. Ein Problem davon, dass wir Teil einer gefallenen Rasse in einer gefallenen Welt sind, die von einem gefallenen Herrscher regiert wird, ist, dass unsere Wahrnehmung zu unserer Realität wird. Wir gehen ganz selbstverständlich davon aus, dass das, was wir gesehen und gehört haben, Wahrheit ist – auch wenn es das in Wirklichkeit gar nicht ist.

---

[10] http://www.weather.com/weather/wxclimatology/monthly/graph/70596

Ein Jünger zu werden bedeutet, dass ich meinen Sinn leere und die falschen Daten, die in meinen Computer eingebaut wurden, mit der Realität von Gottes Wort ersetze. Das ist es, von was Paulus spricht, als er die Erneuerung des Sinnes anspricht (Römer 12,2).

Richte nicht vorschnell

Wir haben ausführlich über die Wichtigkeit gesprochen, dass wir Wahrheit in unseren Leben umsetzen müssen. Die Wahrheit, die du als Nächstes lernst, wird deine Ausrichtung ändern, wenn du sie anwendest. Auch wenn es teilweise schwer sein mag es anzunehmen, doch bevor du dieses Buch zuklappst, erlaube mir, den Fall darzustellen.

Alles hat seine bestimmte Zeit, und jedes Vorhaben unter dem Himmel hat seine Zeit. (Prediger 3,1)

Beim ersten Lesen scheint dieser Vers dem zu widersprechen, was ich soeben gesagt habe. Aber was aus diesem Vers eine Offenbarung macht, sind die Worte „unter dem Himmel". In Kapitel 3 des Predigers wird die Existenz von Zeiten bestätigt, aber nur „unter dem Himmel". Zeiten sind eine Tatsache von natürlichem Leben. „Unter dem Himmel" ist da, wo das natürliche Leben stattfindet, wo du täglich wandelst und redest – aber nicht da, wo du „gesetzt" bist. Denn jener Ort ist nicht mit dem Element der Zeit verbunden, der Himmel hat keine Zeiten.

Hier, unter dem Himmel, gibt es eine Zeit, um Samen zu säen, eine Zeit, um Samen wachsen zu lassen und eine Zeit, um reifen Samen zu ernten. Aber das ist nicht die Art und Weise, wie es schon immer war oder sein wird.

Ein Grund für die Zeiten

Nach dem Sündenfall war die Einführung der Jahreszeiten in unsere Welt eine Handlung Gottes, die seiner Gnade entsprang.

12 Dimensionen geistlicher Autorität

In seinem ursprünglichen Design waren Jahreszeiten unnötig, weil eine dicke Wolke die Erde bedeckte, ähnlich wie das beim Planet Venus der Fall ist. Das schuf einen Treibhauseffekt mit einer ständigen moderaten Temperatur und Bewässerung. Diese Bedingungen sorgten dafür, dass ständige Erntezeit war.

Nach dem Fall veränderte sich alles. Gott verfluchte den Menschen und den Erdboden, den er bearbeiten musste, um sein Überleben zu verbessern (1. Mose 3,17b-19). Erst im Anschluss der Flut, als Noah ein annehmbares Opfer brachte, führte Gott die Zeiten der Ernte ein.

Und der Herr roch den lieblichen Geruch, und der Herr sprach in seinem Herzen: Nicht mehr will ich fortan den Erdboden verfluchen um des Menschen willen; denn das Sinnen des menschlichen Herzens ist böse von seiner Jugend an; und nicht mehr will ich fortan alles Lebende schlagen, wie ich getan habe. Fortan, alle Tage der Erde, sollen nicht aufhören Saat und Ernte, Frost und Hitze, Sommer und Winter, Tag und Nacht. (1. Mose 8,21-22)

Die Erntezeit ist Gottes Erinnerung an uns, dass er sogar in seinem gerechtfertigten Ärger barmherzig ist. Es ist ein jährlicher Rückblick auf das, wie Dinge einmal waren und ein Vorausschauen auf das, wie sie sein werden.
Seit den Tagen Noahs bis heute stehen Gottes unwiderlegbare Worte und Zeiten fest, wodurch wir die falsche Wahrnehmung haben, dass es schon immer so war und immer so sein wird. Schon wieder falsch:

Siehe, es kommt die Zeit, spricht der HERR, dass man zugleich ackern und ernten, zugleich keltern und säen wird. Und die Berge werden von süßem Wein triefen, und alle Hügel werden fruchtbar sein. (Amos 9,13)

Normalerweise liegen mehrere Monate zwischen Saat und Ernte. Amos sagt uns, dass das Element der Zeit, das jetzt die Ernte zurückhält, hinweggetan sein wird. Die Ernte wird nicht nur ständig stattfinden, sondern sie wird sogar beschleunigt sein. Die Zeit wird die Ernte nicht länger beherrschen. Laut Offenbarung 22,2 wird jeder Baum in jedem Monat seine Ernte tragen.

Das ist keine Lektion in Landwirtschaft, sondern es ist so, dass so lange du das Natürliche noch nicht verstanden hast, du auch das Geistliche nicht erfassen kannst.

Gott verändert Zeiten

Die Zeiten des Lebens können manchmal Zeiten von Überfluss oder Knappheit sein, Zeiten von Gesundheit oder Krankheit, Zeiten von Freude oder Traurigkeit. Wenn ihre Leben so erhoben sind, wird Gottes Volk abrupte Veränderung in den Zeiten erfahren, sowohl im Natürlichen wie auch im Übernatürlichen.

1. ABRAHAM: Ein Hersteller von Götzen wurde zum Gründer einer Nation, durch den die ganze Welt gesegnet wurde.

2. ISAAK: Er pflanzte Samen während einer Hungersnot und erntete hundertfach (1. Mose 26,12), was selbst mit modernen Düngern und Landwirtschaftsausrüstung selten ist.

3. ISRAEL: In einem fremdseligen, unfruchtbaren Land ging es der Nation vierzig Jahre lang bestens.

4. HIOB: Er bekam das Doppelte zurück, was er verloren hatte (Hiob 42,12-16). Es musste eine beschleunigte Ernte bedeuten und eine erneuerte Fruchtbarkeit für einen Vater von zehn weiteren Kindern.

5. DAVID: Er war ein Flüchtling, der sich in Felsen versteckt hatte und er wurde König von Israel.

6. ELIA: Er zerbrach mit dem gesprochenen Wort eine dreijährige Trockenzeit, die eine Zeit des Überlebens in Israel freisetzte (1. Könige 18,41-45).

7. ESTHER: Sie war verantwortlich dafür, das in Gefangenschaft lebende, jüdische Volk in einen Status des Erhobenseins zu bringen, was auch den Weg für eine Rückkehr in ihre Heimat vorbereitete.

8. DANIEL: Er transformierte Israels siebzig Jahre Gefangenschaft zur Freiheit.

Eine Ansammlung von Erfahrungen hatte die menschliche Rasse davon überzeugt, dass Zeiten unveränderbar sind. Darauf zu warten, dass „meine Zeit kommt", scheint die einzig wahre Möglichkeit zu sein. Doch dem ist nicht so! Der Gott, dem wir dienen, kann in unsere Zeit hineintreten und sie verändern – unabhängig davon, welche „Zeit" jetzt gerade herrscht. Er kann die Wüste in einen üppigen Garten verwandeln, während andere hektisch nach einem kleinen Strom suchen, der sie erhalten soll.

Als Mensch

Jesus veränderte die Zeiten derer, die er traf: die des dämonisierten Geraseners, die der Frau mit dem Blutfluss, die der Blinden und Lahmen im Tempel, die des römischen Hauptmanns ... die Liste geht immer weiter.

Während er ein paar Brote und ein paar Fische hielt, beschleunigten sich plötzlich Frühjahr, Sommer und Erntezeit in seinen Händen. Die Lehrer vom Kindergottesdienst sagen, dass Jesus dieses Wunder in seiner Rolle als Gott wirkte. Das tat er aber nicht. Obwohl er völlig Gott und Mensch war, musste Christus seine Göttlichkeit beiseitelassen, um uns mit dem Vater zu versöhnen.

> *Seid so unter euch gesinnt, wie es auch der Gemeinschaft in Christus Jesus entspricht: Er, der in göttlicher Gestalt war, hielt es nicht für einen Raub, Gott gleich zu sein, sondern entäußerte sich selbst und nahm Knechtsgestalt an, ward den Menschen gleich und der Erscheinung nach als Mensch erkannt. (Philipper 2,5-7)*

Während er auf dieser Erde wandelte, vollbrachte Jesus jede Tat als ein Mensch, der sich total der Autorität des Vaters hingab. Als Glieder des Leibes Christi haben wir dieselbe Autorität über Zeiten, wie Jesus sie demonstrierte. Hier ist die Garantie:

> *Wahrlich, wahrlich, ich sage euch: Wer an mich glaubt, der wird die Werke auch tun, die ich tue, und er wird noch größere als diese tun; denn ich gehe zum Vater.*
> *(Johannes 14,12)*

Die einzige Voraussetzung ist die Unterordnung unter die Autorität des Vaters.

Der Rest der Geschichte

Am Tempel veränderten Petrus und Johannes die Zeit, in der sich ein gelähmter Mann befand, indem sie ein Wort des Glaubens deklarierten. Das Ergebnis? Viele glaubten an Christus; aber das war nur ein Teil der Geschichte! Denn ein paar Verse später erklärt Petrus, dass die Wiederherstellung seiner Gesundheit einfach nur wie ein kleiner „Ableger" von dem war, wofür Jesus gekommen ist.

> *Gott aber hat so erfüllt, was er durch den Mund aller Propheten vorher verkündigt hat, dass sein Christus leiden sollte. So tut nun Buße und bekehrt euch, dass eure Sünden ausgetilgt werden, damit Zeiten der Erquickung kommen*

*vom Angesicht des Herrn und er den euch vorausbestimmten Jesus Christus sende! Den muss freilich der Himmel aufnehmen bis zu den Zeiten der **Wiederherstellung aller Dinge**, von denen Gott durch den Mund seiner heiligen Propheten von jeher geredet hat.*
(Apostelgeschichte 3,18-21 ELB85)

Petrus' Zeugnis über Jesus war kühn und direkt, wie es auch seiner Art entsprach. Das hatte ihn schon öfter in Schwierigkeiten gebracht. Doch diesmal erklärte er klar die Wichtigkeit der Buße – sowie eine weitere Offenbarung: Gott hat durch Christus eine Zeit begonnen, die Zeit der Wiederherstellung aller Dinge.

Das Wort Wiederherstellung bedeutet, dass etwas in seinen ursprünglichen Zustand zurückgebracht wird. Durch Christus werden sowohl die Menschen als auch die ganze Schöpfung in ihren ursprünglichen Zustand zurückversetzt. Das beinhaltet auch die Wiederherstellung der Autorität der Gemeinde über geistliche Dimensionen, wie es von Petrus und Johannes durch die Heilung des Gelähmten demonstriert wurde!

Jesu Tod, Begräbnis und Auferstehung erkaufte weit mehr als ein Freiticket auf dem „Komm aus der Hölle raus" steht. Er hat uns vielmehr zu dem Ursprung zurückgebracht, in dem Adam und Eva sich bei der Verführung der Schlange befunden hatten – vollständig, mit seiner delegierten Autorität über sämtliche niedrigeren Bereiche.

Gefräßige Heuschrecken

Jesus kam, um all das wiederherzustellen, was der Feind gestohlen hatte und um die durch Adams Sünde entstandenen Konsequenzen für die Sünde im Bezug auf die Schöpfung wieder rückgängig zu machen.

Und ich werde euch die Jahre erstatten, die die Heuschrecke, der Abfresser und der Vertilger und der Nager gefressen haben – mein großes Heer, das ich unter euch gesandt habe.

(Joel 2,25)

Das hebräische Wort für „wiederherstellen" bedeutet im wahrsten Sinn des Wortes: „Ich schließe einen Bund mit dir, um alles Fehlende zu ergänzen." Anders ausgedrückt sagt Gott: „Egal was fehlt, weil Adam es vermasselt hat, ich mache einen neuen Bund mit euch, um es wiederherzustellen." Dieser Bund wurde durch die Person Jesu Christi wiederhergestellt.

Der zweite Adam

Jesus kam als zweiter Adam, um alles wiederherzustellen, was der erste Adam verloren hatte und um die Schöpfung in ihren ursprünglichen Zustand zurückzubringen. Am Anfang hatte es ganzjährig Ernte gegeben, weshalb Jesus auch von dem Feigenbaum Feigen erwartet hatte, obwohl es nicht die richtige Jahreszeit war.

Während seiner Zeit auf der Erde setzte Jesus die Wiederherstellung in Bewegung. Als „Mensch unter Autorität" hatte er das legitime Recht, Autorität über alle Dimensionen auszuüben. Und wegen seiner Autorität über Zeiten, hätte der Feigenbaum mit seiner Autorität in Übereinstimmung kommen und Frucht hervorbringen müssen, als Jesus zu ihm kam. Doch weil dem nicht so war, verfluchte Jesus den Feigenbaum und er starb.

Damit Erhebung geschieht, muss jeder von uns in Ausrichtung mit geistlicher Autorität kommen und sich unterordnen. Es bedeutet, dass wir Autorität über jede Zeit, in der wir sind, ergreifen können – oder über das, auf was du wartest. Ansonsten laden wir Flüche des Feindes ein, mit denen er gerne unser Leben quälen würde. Erhebung und dann die Beschleunigung.

Geistliche Autorität über eine Zeit ausüben zu können bedeutet: kein Leiden mehr durch anstrengende Wartezeiten, während ich hoffe, dass „mein Schiffchen endlich in den Hafen einfährt". Stattdessen machst du einfach einen Schritt aus deiner aktuellen Situation in das Motorboot. Und das rast so schnell in Richtung Hafen, dass du vielleicht sogar selbst aus dem Weg springen musst, damit Gottes Segen über dich kommt und dich überholt (5. Mose 28,2).

Verändere deine Zeit

Viele Christen sind davon überzeugt, dass die Welt viel von uns lernen kann – und so ist es auch. Aber es stimmt ebenso, dass sie uns auch das eine oder andere beibringen kann.

Markus berichtet von der Geschichte einer syro-phönizischen Frau, die so felsenfest an die heilende Kraft Jesu für ihre dämonisierte Tochter glaubte, dass sie sich ihr Wunder aus einer Zeit von zehn Jahren später in der Zukunft holte!

Erst als Petrus zu Cornelius und seinem Haus predigte, wurde der Heilige Geist für die Heiden freigesetzt (Apostelgeschichte 10,44-46). Die Begegnung dieser Mutter mit Jesus geschah mindestens zehn Jahre bevor sich die Türe für die Bekehrung der Heiden öffnete.

Die Frau aber war eine Griechin, eine Syro-Phönizierin von Geburt; und sie bat ihn, dass er den Dämon von ihrer Tochter austreibe.

Und er sprach zu ihr: Lass zuerst die Kinder gesättigt werden, denn es ist nicht schön, das Brot der Kinder zu nehmen und den Hunden hinzuwerfen. Sie aber antwortete und sprach zu ihm: Ja, Herr; und doch fressen die Hunde unter dem Tisch von den Brotkrumen der Kinder. Und er sprach zu ihr: Um dieses Wortes willen geh hin; der Dämon ist von deiner Tochter ausgefahren. Und sie ging hin in ihr Haus und fand das Kind auf dem Bett liegen und den Dämon ausgefahren. (Markus 7,26-30)

Um die Umstände zu verstehen, muss man wissen, dass die Syro-Phönizierin (Syrerin und Phönizierin, also Philisterin, heutzutage Palästinenser) von ihrer Abstammung her Blutsfeinde Israels sind – sowohl damals wie auch heute. Zweitens war ihre Tochter dämonisiert, vermutlich ein Resultat der religiösen Praktiken ihrer Nation, zu denen auch Dämonenanbetung gehörte.

Im Wissen all dessen bat sie Jesus um ein Wunder, das den Heiden eigentlich erst zehn Jahre später zur Verfügung stehen würde. Entweder hatte sie echt Nerven – oder großen Glauben. In Anbetracht dessen wie es ausging, würde ich sagen, es war Glauben.

Wir mögen es, uns Jesus vorzustellen, wie er auf dem Wasser lief, Stürme beruhigte und niemals jemandem zum Anstoß wurde. Ich bin sicher, dass die Art und Weise, wie er über ihr Volk sprach und insbesondere über ihre kleine Tochter als „kleine Hunde", sehr anstößig war. Was jedoch Jesu Aufmerksamkeit hervorbrachte war ihre Weigerung, die Kultur über ihr Bedürfnis zu stellen, selbst wenn sie verhöhnt oder lächerlich gemacht würde.

Alles zusammengenommen hielt sie Jesus mit ihrer milden, beständigen Antwort an: *„Ja, Herr, sogar die kleinen Hunde essen die Krümel, die vom Tisch der Kinder fallen."*

Jesus war von ihrem Glauben und ihrer Demut von einem, gegen Israel verschworenen Feind, so überrascht, dass er zehn Jahre in die Zukunft griff und ihre Zeit veränderte. Wenn der Gott, dem wir dienen, die Zeiten für Leute ändert, die eigentlich seine Feinde sind, wie viel mehr wird er es für seine eigenen Kinder tun?

Lerne eine Lektion von dieser Frau. Sie erlaubte weder der Kultur noch der Religion, noch dem Köder der Weigerung Jesu ihr Herz verhärten zu lassen oder ihr im Weg zu stehen. Genau wie bei dieser Frau, bringen Glaube und Demut einen Durchbruch in deine Zeit.

Unterlasse es, auf deine Zeit zu warten und beginne zu glauben, was die Bibel über Jesus und deine Beziehung zu ihm sagt. Er kann dich an Orte bringen, von denen du nicht mal gewagt hattest zu glauben, jemals dorthin zu kommen – einschließlich anderer Zeiten!

Weil wir mit Christus an himmlischen Orten sitzen, weit außerhalb der Zeit, wurde uns Autorität über die Zeiten des Lebens gegeben. So lebte Jesus als ein Mensch unter Autorität, als er in unserer Mitte lebte. Um dein Leben zu erheben, beruft er dich jetzt dazu.

14 – Autorität über Regionen

„Lass es scheinen!"

Und wiederum sprach er: Wem soll ich das Reich Gottes vergleichen? Es ist gleich einem Sauerteig, den eine Frau nahm und unter drei Maß Mehl mengte, bis es ganz durchsäuert war. (Lukas 13,20-21)

Mir wurde gesagt, dass ich eigentlich eine angenehme Person bin – bis ich sonntagmorgens hinter das Pult trete. Eigentlich habe ich gar nicht vor, Leute zu verärgern, aber bevor die Wahrheit dich freisetzen kann, muss sie dir oft erst mal so richtig unter die Haut gehen. Über geistliche Autorität hinsichtlich Gemeinden und Regionen zu predigen, enthält genau solche herausfordernden Elemente.

Gott war noch nie daran interessiert, einfach nur ein paar Menschen zu erretten und den Rest der Welt in die Finsternis schlittern zu lassen. Sein Wunsch ist es zu segnen und deine Zeit so zu ändern, dass du persönlich noch glücklicher bist.

Alles, was er tut, ist ein Segen für die ganze Welt – für Gläubige wie auch für Ungläubige. Vermutlich liest du dieses Buch, weil du eine Beziehung mit Jesus Christus hast. Aber es gab eine Zeit, in der auch du unerrettet warst. Du bist in die Gemeinschaft der Gläubigen gekommen, weil jemand irgendwo Autorität über seine Region genommen hat.

Autorität über unterschiedliche Regionen zu nehmen sieht unterschiedlich aus. Aber da die zwei intrinsisch ineinander verwoben sind, wurden sie für dieses Studium zusammengetan.

In manchen Organisationen ist die regionale Zugehörigkeit die Voraussetzung für eine Mitgliedschaft. In anderen wiederum hängt sie nicht von der geografischen Lage, sondern anderen Gemeinsamkeiten ab, beispielsweise dem Beruf, der politischen Ausrichtung oder dem kulturellen Hintergrund. Wie dem auch sei: Regionen sind stets geografisch definiert.

Es war kein Zufall, dass wir genau unserer Regionen platziert sind. Gott hat uns dahin gesetzt. Sein Plan, die Welt mit dem Evangelium zu erreichen, hat schon immer auf irgendeine Weise dich und mich involviert. Es ist nicht nur sein Plan, er kann ihn ohne uns auch nicht erfüllen.

Dieses Statement hat vielleicht einige Augenbrauen dazu gebracht, sich zu heben. In religiösen Kreisen sind die Worte „Gott kann nicht" Blasphemie. Doch ohne blasphemisch wirken zu wollen oder von seiner Allmacht etwas abzuziehen, muss ich jedoch sagen, dass unsere aktive Teilnahme ein integraler Teil seines Planes und Zieles ist.

Hätte er eine andere Methode gewollt, hätte er es tun können. Vor Grundlegung der Welt berücksichtigte er den Preis des Opfers seines Sohnes und berechnete unsere Rolle in der ganzen Angelegenheit. Gott selbst erstellte diese bestimmte Methode, um die Welt zu retten. Und Jesus ließ die Verantwortung der Umsetzung dieses Planes in unseren Händen.

> *Und Jesus trat herzu und redete zu ihnen und sprach: Mir ist alle Gewalt gegeben im Himmel und auf der Erde. Geht nun hin und macht alle Nationen zu Jüngern und tauft sie auf den Namen des Vaters und des Sohnes und des Heiligen Geistes und lehrt sie, alles zu bewahren, was ich euch geboten habe. Und siehe, ich bin bei euch alle Tage bis zur Vollendung des Zeitalters. (Matthäus 28,18-20)*

Die direkte Anweisung vom Allerhöchsten macht es dem Bankwärmer am Sonntagmorgen ein bisschen ungemütlich. Sie hoffen, die Errettung der Welt sei Gottes Verantwortung und es sei ihre Aufgabe darauf zu warten, dass Jesus sie eines Tages ins süße Verlassen entrückt.

Falls du zu denen gehörst, die Gottes Befehl ernst nehmen ... bevor du deinen Reisepass aufschlägst und einen Flug nach Mauretanien buchst, habe ich zwei Worte für dich: „Gemeinden" und „Regionen". Während wir uns bemühen, die Welt zu verändern, ist es Gottes Plan, Menschen, ihre Regionen, ihre Nationen und schließlich die ganze Welt zu verändern.

Bevor er aufstieg, führte Jesus seine Strategie ein:

> *Aber ihr werdet Kraft empfangen, wenn der Heilige Geist auf euch herabkommt; und ihr werdet meine Zeugen sein, sowohl in Jerusalem als auch in ganz Judäa und Samaria und bis an das Ende der Erde.*
> *(Apostelgeschichte 1,8)*

Er wies seine Jünger an, zuerst in ihrer Umgebung Zeugen zu sein, bei denen, mit denen sie regelmäßig Kontakt hatten. Von da aus sollte das Evangelium sich in verschiedenen geografischen Gebieten und dann schließlich bis „ans Ende der Welt" verbreiten.
Genau wie Jesus es sagte, begann dieser Prozess kurze Zeit später. Am Pfingsttag waren ungefähr 120 Gläubige an einem Ort versammelt.

Und plötzlich kam aus dem Himmel ein Brausen, wie von einem daherfahrenden, gewaltigen Wind, und erfüllte das ganze Haus, wo sie saßen. Und es erschienen ihnen zerteilte Zungen wie von Feuer und sie setzten sich auf jeden Einzelnen von ihnen. Und sie wurden alle mit Heiligem Geist erfüllt und fingen an, in anderen Sprachen zu reden, wie der Geist ihnen gab auszusprechen. (Apostelgeschichte 2,2-4)

Bevor der Heilige Geist auf die Gläubigen kam, erfüllte er mit seiner Gegenwart das ganze Haus. Die Atmosphäre, in der diese Christen sich versammelt hatten, war von ihm so durchdrungen worden, dass jeder Einzelne von ihnen am Überfließen war.

Aber da hörte es nicht auf! Es überflutete die Wände des Raumes (die Gemeinschaft der Gläubigen) und ging in die Straßen Jerusalems. Als die Menschen erst hörten – und dann sahen – was geschah, wurden am selben Tag 3 000 Personen im Geist getauft. Und so begann die Veränderung einer Gemeinde.

Errettung macht Geschichte

Wie ein Dominoeffekt wird eine veränderte Gemeinde auch andere Gemeinden beeinflussen, bis eine ganze Region berührt ist. Nachdem Paulus und Barnabas den Juden von Jesus, in Apostelgeschichte 13, erzählt hatten, wurde das Wort in die heidnische Gesellschaft hinein freigesetzt.

Und Paulus und Barnabas äußerten sich freimütig und sprachen: Zu euch musste notwendigerweise das Wort Gottes zuerst geredet werden; weil ihr es aber von euch stoßt und euch selbst des ewigen Lebens nicht für würdig erachtet, siehe, so wenden wir uns zu den Nationen. Denn so hat uns der Herr geboten: „Ich habe dich zum Licht der Nationen gesetzt, damit du zum Heil seiest bis an das Ende der Erde."

Als aber die aus den Nationen es hörten, freuten sie sich und verherrlichten das Wort des Herrn; und es glaubten, so viele zum ewigen Leben bestimmt waren. Das Wort des Herrn aber wurde durch die ganze Gegend verbreitet.
(Apostelgeschichte 13,46-49)

Und so begann die Geschichte der Errettung. Um Gottes Wort zu erfüllen, brachten Barnabas und Paulus die Botschaft von Jesus zuerst in die jüdische Gemeinde und danach zu den Heiden. Und es wurde von da aus „durch die ganze Gegend verbreitet".

Sobald das Evangelium in der Region war, breitete es sich beständig weiter auf andere Kontinente aus, bis ins heutige Europa. Und dann verbreitete es sich weiter an einige der unempfänglichsten und entferntesten Orte der Welt. Doch all das begann mit einer Gruppe von Gläubigen in Jerusalem, die Autorität über ihre Gemeinde genommen hatten.

Bevor du jetzt Gott als „politisch unkorrekt" richtest (was ihm nichts ausmachen würde), weil er Abraham und die Juden zu seinem „auserwählten Volk" bestimmte, denke daran, dass sich ihre „Erwählung" zum segensreichen Freisetzungssystem und für die ganze Welt entwickelte. Dieser weltweite Segen vom Volk Israel kam durch einen Mann: Jesus Christus.

Der Gott, der die Versprechen seiner eigenen Bücher am besten hält, ist total fair. Weil er die ganze Welt liebt (Johannes 3,16), möchte er an die Türe jedes Herzens klopfen, damit auch wirklich keiner übersehen wird. Er erwählte lediglich Israel als Volk, durch das er seinen Plan der Errettung und der Wiederherstellung aller Dinge erfüllen könnte.

Vom Dämonisierten zum Evangelisten

Gottes Barmherzigkeit und Gnade sind so erstaunlich! Als die Menschen von Gerasa Jesus fortsandten, hätte er sie einfach abschreiben können. Doch stattdessen sandte er ihnen einen mächtigen Evangelisten:

> *Der Mann aber, von dem die Dämonen ausgefahren waren, bat ihn, dass er bei ihm sein dürfe. Er aber entließ ihn und sprach: Kehre in dein Haus zurück und erzähle, wie viel Gott an dir getan hat. Und er ging hin und machte in der ganzen Stadt bekannt, wie viel Jesus an ihm getan hatte.*
> (Lukas 8,38-29)

Die übernatürliche Befreiung des Dämonisierten offenbarte das böse Wirtschaftssystem dieser Region. Aber die Gerasener empfanden kein Bedürfnis, Buße zu tun, bis sie das Zeugnis von einem ihrer eigenen Leute hörten.

Als Jesus später dort hinkam, wurde er von großen Menschenmengen in Empfang genommen (Lukas 8,40.42b). Scheinbar hatte der vormals Dämonisierte und nun Freigesetzte das getan, was Jesus ihm befohlen hatte. Sein kraftvolles Zeugnis hatte Erweckung in die ganze Region gebracht.

Gottes Plan für Errettung beginnt nicht in einem fremden Land. Es beginnt immer in dem Missionsfeld der eigenen Gemeinde. Der freigesetzte Gerasener ging davon aus, es sei seine Aufgabe mit Jesus zu gehen, um die Welt zu verändern. Doch indem er in seiner Umgebung blieb, revolutionierte er die Bestimmung einer ganzen Region.

Sei dir bewusst, gegen was du angehst

Der Befreite stand ernsthaftem Widerstand gegenüber. Die Region, die er evangelisieren sollte, wurde vom Wirtschaftssystem der Welt regiert, welches so dämonisch durchdrungen war, dass nicht einmal die wunderwirkende Kraft Jesu es sofort entmachten konnte.

Eine Region ist ein physisches Gebiet, das von geistlichen Mächten regiert wird. Um geistliche Autorität über eine Region einzunehmen, bedarf es dem Verständnis über das aktuelle Regime. In seinem Brief an die Epheser erklärt Paulus die hierarchische Ordnung der Herrschaft des Himmels und der physikalischen Komponente auf jeder Ebene.

Denn unser Kampf ist nicht gegen Fleisch und Blut, sondern gegen die Fürstentümer, gegen die Gewalten, gegen die Weltbeherrscher dieser Finsternis, gegen die geistlichen Mächte der Bosheit in den himmlischen Örtern.
(Epheser 6,12)

Durch seine persönlichen Auseinandersetzungen mit dem Feind gewann der Apostel Paulus diese wertvollen Einblicke:

1. „Fürstentümer" sind lokale Herrscher über Gemeinden
2. „Gewalten" sind regionale Mächtige
3. „Herrscher" sind Herren über Gebiete
4. „Geistliche Mächte der Bosheit" herrschen über regionale Leiter
5. Der „führende Befehlshaber" ist der Feind selbst

Der Kampf um Regionen

Aus der ersten Befehlsebene des Feindes geht es um Gemeinden. Wenn auf diesem Level Herrschaft erzwungen werden soll, gibt es einen direkten Kampf mit Fürstentümern.

Mach dir keine Sorgen. Wenn man mit Auferstehungskraft bewaffnet ist und auf den vorhergehenden Ebenen genug

Durchbrüche erreicht hat, kann das Zeugnis deines Lebens dämonische Fußsoldaten zu Tode erschrecken.

Sobald du die Ränge der Fürsten durchbrochen hast, erwarte, dass du den Gewalten gegenüberstehst, die ganze Regionen unserer Welt verdreht haben. Hier sind ein paar der grausamen Auswirkungen der Herrschaft dieser Gewalten:

1. Krankheit: Von den in der Subsahara-Region lebenden Afrikanern ist jeder zwanzigste HIV-infiziert.

2. Hungersnöte: In Asien, Afrika und Südamerika verhungern jedes Jahr 15 Millionen Menschen.

3. Völkermord: In Regionen des Mittleren Osten werden ethnische Gruppen systematisch ermordet.

4. Krieg: Viel zu viele Kämpfe, als dass man sie aufzählen könnte, toben in verschiedenen Regionen dieser Welt; die Summe aller verlorenen Leben – Millionen von ihnen – wird man nie kennen.

Diese Liste könnte man viele Seiten lang fortsetzen, aber du verstehst, was ich eigentlich zum Ausdruck bringen will. Wenn du dachtest, dass geistliche Autorität über Regionen unwichtig sei, dann hast du deine Meinung inzwischen sicherlich geändert.

Genialer Pilz

Jesus benutze das Wort „Hefe", um unsere Rolle im Königreich zu beschreiben.

> *Und wiederum sprach er: Wem soll ich das Reich Gottes vergleichen? Es ist gleich einem Sauerteig, den eine Frau nahm und unter drei Maß Mehl mengte, bis es ganz durchsäuert war. (Lukas 13,20-21)*

(Das griechische Wort für Sauerteig bedeutet im Ursprung etwas, das eine Fermentation hervorruft. In englischen Übersetzungen wird dieses Wort auch mit Hefe übersetzt. Anmerkung des Übersetzers.)

Hefe ist ein kleiner, einzelliger Pilz. Störe dich nicht an dem Vergleich, aber ... Pilz oder nicht, Hefe ist wirklich eine kraftvolle Substanz.

Hefe kann durch seine Atmung und seine schnelle Vermehrung die Konsistenz von Mehl verändern (genauso wie du, wenn du Sauerstoff ein- und Kohlendioxid ausatmest)[11]. Es gibt zwar unterschiedliche Rezepte, aber im Durchschnitt reichen drei oder vier Teelöffel Hefe aus, um fünf Pfund Mehl zu verändern.

Die Eigenschaft von Hefe bewirkt, dass ihr Umfeld verändert wird. Und zwar nicht weil sie schlauer ist (sie ist ja schließlich nur ein Pilz) noch weil sie größer ist (sie ist nur eine Zelle von ungefähr einem Zehntelmillimeter Größe).

Bleibe und verändere die Welt

Dein Leben und Zeugnis können die Welt genau da, wo du bist, verändern. Gott hat dich in eine bestimmte Umgebung gesetzt, weil er wollte, dass du genau hier ein Agent für Veränderung bist.

Ihr seid das Salz der Erde; wenn aber das Salz kraftlos geworden ist, womit soll es gesalzen werden? Es taugt zu nichts mehr, als hinausgeworfen und von den Menschen zertreten zu werden.

Ihr seid das Licht der Welt; eine Stadt, die oben auf einem Berg liegt, kann nicht verborgen sein. Man zündet auch nicht eine Lampe an und stellt sie unter den Scheffel,

---

[11] http://www.breadworldcanada.com/sciencehistory/science.asp

sondern auf den Lampenständer, und sie leuchtet allen, die im Haus sind. **Ebenso lasst euer Licht leuchten vor den Menschen, damit sie eure guten Werke sehen und euren Vater, der in den Himmeln ist, verherrlichen.**
(Matthäus 5,13-16)

Amerika steckt in großen Schwierigkeiten, weil Christen, die davon besessen sind „die Welt zu retten" (was das auch bedeuten mag), es vernachlässigt haben, aus ihrer Türe herauszutreten und ihre Lichter in die Häuser auf der anderen Straßenseite strahlen zu lassen und dadurch Salz und Licht im lokalen Frauen- oder Herrenklub oder in einem Obdachlosenheim zu werden.

Salz, das seinen Geschmack verloren hat, ist einfach bereit dafür, den normalen Status quo in der Gesellschaft anzunehmen. Schon viel zu lange hat Gottes Volk sich in seiner Gemeinde-Ecke versteckt, voller Angst davor, ihre Stimme gegen die unmoralischen Systeme der Welt zu erheben. Wie zu erwarten haben wir dadurch schreckliche Resultate bekommen.

Wenn du nicht auf einen Durchbruch im Königreich in deiner Gemeinde dringst, wird Satan übernehmen; seine Truppen sind geschult und bereit. Sobald eine Region fällt, wird ihr die nächste Region bald folgen.

Nimm dir die Zeit, die Region, in der du lebst, zu studieren, um Verständnis dafür zu bekommen, wie man die Thematiken angehen muss. Und dann bete, dass Gott dort Veränderung bringt. Hab keine Angst davor, ein Wächter am Tor zu sein. Halte Wache, um den Feind davon abzuhalten, deine Domäne zu infiltrieren. Andere in der Region haben vielleicht keine Autorität, du aber schon!

Hab keine Angst davor, dass deine Stimme gehört wird. Beziehe uneingeschüchtert Stellung für Jesus! Wir haben auf jeden Fall mehr Intellekt als Hefe – also lasst uns loslegen!

Es geht um die anderen

Gott sieht seine geliebte Welt in die äußerste Finsternis stolpern und das menschliche Leiden bleibt an jeder Ecke ungehindert. Du hast die Kraft, die Autorität und die Verpflichtung, andere aus ihrer Verzweiflung herauszuführen, indem du dein Licht strahlen lässt.

Wenn wir täglich ein siegreiches Leben führen, werden unsere „guten Taten" zu dem Licht, das deine Gemeinde zum Vater führt. Andere sehen vielleicht nie die Güte Gottes, bis sie sie in dir sehen. Und wenn sie es dann tun, gib ihm die Ehre dafür ... und er wird sich darüber freuen, weil ein weiteres Kind nach Hause kommen kann!

15 – Autorität für Heilung

„Kämpfe den guten Kampf"

Ist jemand krank unter euch? Er rufe die Ältesten der Versammlung zu sich, und sie mögen über ihm beten und ihn mit Öl salben im Namen [des] Herrn. Und das Gebet des Glaubens wird den Kranken heilen, und der Herr wird ihn aufrichten, und wenn er Sünden begangen hat, wird ihm vergeben werden. (Jakobus 5,14-15a)

In neue Höhen aufzusteigen wird garantiert Herausforderungen mit unbekannten Objekten bedeuten. Während du diese Seiten liest, hast du vermutlich gespürt, dass die Anpassung an neue Ebenen der Erhebung sich auch unangenehm anfühlen kann. Wenn du gegen hurrikanartige Winde kämpfst und dafür, jeden Tritt sicher zu tun, sei ermutigt! Du bewegst dich in die richtige Richtung!

Falls du es noch nicht ganz erfasst hast: Es besteht die Möglichkeit, dass du auf diesem Level mit schwerer Bedrückung kämpfen musst.

Der Feind weiß, dass nirgends die Existenz, Kraft und das Mitgefühl Gottes so deutlich demonstriert werden, wie bei der Heilung einer unheilbaren Krankheit. Weil er so böse ist, genießt es der Feind, dabei zuzusehen, wie Gottes Kinder Anfechtung und übelste Schmerzen ertragen. Mit seiner ganzen Macht wird er gegen Heilung kämpfen.

Autorität im Bereich der Heilung auszuüben beginnt mit dem Wissen, dass sie real ist und zur Verfügung steht – und dann zu lernen, darum zu kämpfen.

Dein Vermächtnis

Vor ein paar Jahren verreiste ich (was ich mehrmals im Jahr machte) um bei langjährigen Freunden in Indien zu predigen. Der Flug nach Visakhapatnam im Bundesstaat Andhra Pradesh war aufreibend. Als ich mental und körperlich erschöpft ankam, war mein einziger Gedanke, jetzt ein Bett zu finden und darin endlich entspannt bis zum nächsten Tag schlafen zu können.

Als mein Freund mich am Flughafen abholte, sagte er: „Du hast 30 Minuten, um dich fertig zu machen. Wir haben einen Predigttermin für dich, zu dem wir vier Stunden fahren müssen." Ich überlegte, ob ich irgendetwas angestellt hatte, womit ich das verdient hatte.

Ich würde ja gerne sagen, dass ich Gott mit souveränem Lächeln für diese wunderbare Gelegenheit dankte – aber ich tat es nicht! Ich ging direkt in mein Zimmer und spürte alles andere als eine Inspiration zu predigen und so grummelte ich innerlich vor mich hin.

Die Straße, auf der wir losfuhren, endete schon bald und wir reisten auf Pfaden einer eigenartigen Straße weiter. Schließlich kamen wir in einem Bauerndorf an, in dem das Evangelium noch nie gepredigt worden war.

Als Pastor hätte ich vom Mitgefühl überwältigt sein sollen, als ich die sieben- bis achttausend Menschen sah, die sich hier versammelt hatten, um das Evangelium zu hören. Aber um ganz ehrlich zu sein, in diesem Moment war es mir total egal, dass Indien verloren war. Völlig übermüdet predigte ich im Autopilot-Modus eine der kürzesten Predigten meines Lebens.

Während ich diese abgekürzte Rede hielt, begann ich Schreie und Rufe über dem verstreuten Feld der Freiluftversammlung zu hören. Als ich zum Altaraufruf überging, kam jede Person zum Gebet nach vorne, die eine übernatürliche Ausgießung des Heiligen Geistes erlebte.

Obwohl Gott mächtig am Wirken war, verbesserte sich meine Haltung nicht übermäßig. Alles, an was ich denken konnte, war die lange, vierstündige Rückreise über die nicht existierende Straße, bevor ich endlich ins Bett fallen konnte. Das ging so lange, bis mein Freund darum bat, dass die Leute Zeugnis gaben. Als sie ihre Zeugnisse erzählten, wurde ich unbeschreiblich gedemütigt:

- Ein weißhaariger Bauer, der seit zwölf Jahren von der Hüfte abwärts total gelähmt gewesen war, stand jetzt aufrecht und pries Gott!

- Das Augenlicht eines blinden Mannes war wiederhergestellt worden, obwohl niemand für ihn gebetet oder ihm die Hände aufgelegt hatte.

- Eine Frau, die ihr ganzes Leben lang schon taub gewesen war, schrie in einem deutlichen, nasalen Ton, wie ihn nur jemand von sich gibt, der noch nie eine Stimme gehört hat: „Ich kann hören! Ich kann hören!"

- Eine Person, die von einem dämonischen Geist besessen gewesen war, wurde augenblicklich freigesetzt.

Diese und viele andere echte Wunderheilungen und Freisetzungen waren der Grund für die Schreie während meiner Predigt gewesen. Ich konnte natürlich nichts dafür. Zweifellos hatte Gott seine wunderwirkende Kraft wirken lassen, um ohne meine Hilfe, noch der irgendeines anderen Menschen, zu heilen.

Dieselbe Kraft, die in Indien die Dämonisierten freigesetzt und die Blinden, Tauben und Lahmen geheilt hatte, ist dieselbe Kraft, die Jesus vor 2000 Jahren ausübte und **dir** vermacht hat: *„... wer an mich glaubt, der wird auch die Werke tun, die ich tue, und wird größere als diese tun ..." (Johannes 14,12).*

Schluss mit den Konsequenzen!

Heilung ist real. Sie gehört genauso zum Erlösungswerk wie unsere Errettung. Der Tod und die Auferstehung Jesu haben uns nicht nur von der Sünde gerettet, sondern auch von den Konsequenzen der Sünde.

Hierzu ist der Sohn Gottes offenbart worden, damit er die Werke des Teufels vernichte. (1. Johannes 3,8)

Krankheit gehört zu den Komponenten des Todes und kam in die Welt, als Adam und Eva sündigten; Heilung und Befreiung wurden mit dem zweiten Adam wiederhergestellt, um alle Dinge in ihren ursprünglichen Zustand zurückzubringen.

Doch er hat unsere Leiden getragen, und unsere Schmerzen hat er auf sich geladen. Und wir, wir hielten ihn für bestraft, von Gott geschlagen und niedergebeugt; doch um unserer Übertretungen willen war er verwundet, um unserer Ungerechtigkeiten willen zerschlagen. Die Strafe zu unserem Frieden lag auf ihm, und durch seine Striemen ist uns Heilung geworden. (Jesaja 53,4-5)

Es gibt Leute, die sagen, dass sich diese Verse nur auf die Wiederherstellung unserer Beziehung mit Gott beziehen. Aber jeder ernsthafte hebräische Lehrer, der liest „... durch seine

Striemen ist uns Heilung geworden ..." wird damit übereinstimmen, dass diese Worte körperliche Heilung mit einschließen.

Erfahrbare Theologie

Diejenigen, die ihre Theologie auf Erfahrungen gründen, statt auf Gottes Wort, werden Problemen haben. Das Schlimmste ist, wenn wir uns für ein Leben entscheiden, das unterhalb der Dimension liegt, die Gott für uns vorherbestimmt hat.

Es gibt verschiedene theologische Theorien, warum Gläubige in Bezug auf Heilung mit Zweifeln zu kämpfen haben:

1. **Theorie: Es gäbe heute keine Heilung mehr.** Viele Glaubenssysteme lehren heutzutage, dass Wunderheilungen den Dienst von Jesus als Messias bestätigten. Im ersten Jahrhundert erforderte die Evangelisation starke Beweise, aber das Übernatürliche sei heutzutage nicht mehr notwendig.

Das Problem bei dieser Theorie ist einfache Mathematik. Als Jesus am Leben war, gab es ungefähr 250 Millionen Menschen auf der Erde. Heute sind es über sieben Milliarden und die Hälfte von ihnen hat noch nie das Evangelium gehört. Wenn Heilungen notwendig waren, um 250 Millionen zu erreichen, dann sind sie umso notwendiger, um die nicht evangelisierten 3,5 Milliarden in unserer Welt zu erreichen.

Doch Heilung ist nicht nur ein Instrument der Evangelisation. Der Grund für die Heilungswunder Jesu war nicht allein, seine Identität zu beweisen. Als Mensch unter Autorität waren Heilungen das Resultat davon, dass die physische Welt in Ausrichtung mit der Autorität über diese Dimension kam.

2. **Theorie: Übernatürliche Heilungen würden nicht mehr gebraucht.** Fast 700 000 [12] Ärzte sind allein in den Vereinigten Staaten. Bei so vielen Medizinern ist es kein Wunder, dass die Kranken Gott nicht um Hilfe bitten. Andere Kulturen und Nationen, die sich nicht an Ärzte wenden können, erleben weit mehr Wunder als wir.

Wenn wir es nicht schaffen, Gott in Bezug auf kleine Probleme zu vertrauen (Grippe, Viren, Infektionen), dann werden wir keinen Glauben für Heilung haben, wenn eine schlimmere Krankheit zuschlägt. Ich möchte nicht vorschlagen, dass du bei Erkrankung nicht mehr zum Arzt gehst, aber wie wäre es, wenn wir Gott dennoch um Heilung bitten würden?

Bestimmte Krankheiten liegen außerhalb der Hilfsmöglichkeiten der besten Ärzte. Sollte der Tag kommen, an dem dein Hausarzt nicht mehr weiterhelfen kann, dann brauchst du die Hilfe einer bereits existierenden Arzt-Patienten-Beziehung zwischen dir und dem großen Arzt.

3. **Theorie: Wir haben die Kraft aber nicht die Autorität.** Als wir aufhörten an Heilung zu glauben oder darum zu bitten, hörten wir auf, unsere Autorität in diesem Bereich auszuüben. Ein altes Sprichwort sagt: „Benutze es oder verliere es" – wir haben unsere Kraft und Autorität nicht weiter angewandt – und verloren!

Hol es zurück!

Verzweifle nicht! Die geistliche Autorität für körperliche Heilung steht immer noch zur Verfügung!

- Autorität für Heilung in Anspruch zu nehmen beginnt mit dem Gebet. Unser weltliches Gedankengut, das die Option übergeht, Gott um Heilung zu bitten, will, dass wir als erste

---

[12] http://www.bls.gov/ooh/healthcare/physicians-and-surgeons.htm

Reaktion zum Arzt laufen, wenn Krankheit zuschlägt. Es ist in Ordnung einen Arzt zu rufen aber programmiere dich neu, indem du **zuerst** zu Gott betest, bevor du einen Arzt rufst.

Ihr habt nicht, weil ihr Gott nicht bittet. (Jakobus 4,2)

- Wenn Heilung nicht sofort kommt, bitte weiter darum. Sogar Jesus betete zweimal dafür, dass das Augenlicht eines Mannes wiederhergestellt würde (Markus 8,22-25).

Unser Leben mit Gott ist eine Reise. Die Wunder in Indien beispielsweise, traten sofort ein. Aber Heilung kann genauso auch ein Wiederherstellungsprozess sein:

*Kranken werden sie die Hände auflegen, und sie werden sich **wohl befinden**. (Markus 16,18)*

- Lerne wie du in diesem Kampf um Autorität für Heilung weise kämpfst. Während unser Feind dreckig kämpft, schlagen wir ihn mit Glauben zurück.

*Geliebte, ich habe alles stehen und liegen lassen, um euch über dieses Leben der Errettung zu schreiben, das wir alle teilen. Ich muss schreiben und darauf bestehen – ja euch sogar anbetteln – dass ihr den Kampf um diesen Glauben, **der uns als Geschenk gegeben wurde, damit wir auf ihn aufpassen und ihn schätzen, mit allem kämpft, was ihr in euch habt.***
(Judas 1,3 Übersetzung der Message-Bibel)

Wenn du dich geweigert hast aufzugeben, hattest du einen guten Kampf. Das Wort „kämpfen" in diesem Vers kann auch mit ringen oder ausfechten übersetzt werden. Wenn alles gegen dich spricht und es nichts mehr gibt, was die Ärzte tun können, ist es Zeit auf die Knie zu fallen und um Autorität für Heilung zu ringen.

Bis dein Leben ausgegossen wird

Es gibt derzeit militärische Streitkräfte in den Vereinigten Staaten, die mit Lagerräumen voller Missiles verbunden sind, die die Kapazität haben, weiträumige Lebensräume auf unserem Planeten auszulöschen. Sie warten nur darauf, dass eine Person höheren Ranges ihnen die Autorität verleiht, den Schlüssel umzudrehen.

Diese Autoritätsperson ist kein Gefreiter, der gerade frisch aus dem Ausbildungslager kommt. Es ist ein älterer General, der mehr als ein paar Sterne auf seinem Aufschlag trägt. Wegen seiner Erfahrung und seiner Reife hat er mehr Autorität gewonnen.

Zutritt zu geistlichen Waffen zu haben, kann Krebs, Herzkrankheiten, Diabetes und HIV auslöschen. Dein Befehlshaber will, dass du geschickt mit diesen Waffen umgehst, weil er versteht, welche Zerstörung durch Krankheit ausgelöst wird. Diese Ebene der Autorität erfordert Reife, und zwar:

- Sich Gott zu nahen und für den Durchbruch zu kämpfen. *„Bittet, und es wird euch gegeben werden; sucht, und ihr werdet finden; klopft an, und es wird euch aufgetan werden." (Matthäus 7,7)*

- Weiter zu beten und zu preisen, wenn die Testresultate unverändert sind und du mit einer Flut von Angst und Zweifel attackiert bist: *„Den Herrn will ich preisen allezeit, beständig soll sein Lob in meinem Mund sein." (Psalm 34,2)*

- Glauben und bekennen, was deine Augen nicht sehen können: *„Und sie haben ihn überwunden um des Blutes des Lammes und um des Wortes ihres Zeugnisses willen, und sie haben ihr Leben nicht geliebt bis zum Tod."*
  (Offenbarung 12,11)

- Wie Christus, Gott und seinem Volk dienen, bis das eigene Leben ausgegossen ist: *„Darum werde ich ihm Anteil geben an den Vielen, und mit Gewaltigen wird er die Beute teilen: dafür, dass er seine Seele ausgeschüttet hat in den Tod." (Jesaja 53,12)*

16 – Autorität über höhere Dimensionen

„Das Blut, die Salbung und die Herrlichkeit"

Also bleibt eine Sabbatruhe dem Volk Gottes übrig.
(Hebräer 4,9)

Es ist Gottes Aufgabe, Menschen zu erheben. Er hat das getan, seit er Abram, ein Niemand, der im Götzenladen seines Vaters in Ur in Chaldea gearbeitet hatte, erwählte.

Gottes erste Worte zu Abraham handelten von Erhebung:

Und ich will dich zu einer großen Nation machen und dich segnen, und ich will deinen Namen groß machen; und du sollst ein Segen sein! Und ich will die segnen, die dich segnen, und wer dir flucht, den werde ich verfluchen; und in dir sollen gesegnet werden alle Geschlechter der Erde.
(1. Mose 12,2-3)

Vom kinderlosen Götzenbildner zum Vater über viele Nationen erhoben zu werden bedeutete, dass Abraham die Bestimmung hatte, durch zahlreiche geistliche Dimensionen durchzubrechen. Ihm wurde auch das außerordentliche Privileg gegeben, ein „Freund" des Gottes des Universums (Jakobus 2,3) und einer der reichsten und einflussreichsten Männer seiner Generation zu werden.

Lasst uns vierhundert Jahre vorwärtsspulen. Anstatt eine erhabene Dynastie im Land Kanaan zu genießen, waren Abrahams Nachkommen versklavt und misshandelt. Tatsächlich hatte Gott dieses Ereignis der Knechtschaft und der Befreiung den Israeliten sogar vorhergesagt:

> *Und er sprach zu Abram: Du sollst sicher wissen, dass deine Nachkommen Fremde sein werden in einem Land, das nicht das ihre ist; und sie werden ihnen dienen, und sie werden sie bedrücken vierhundert Jahre. Aber ich werde die Nation auch richten, der sie dienen werden; und danach werden sie ausziehen mit großer Habe. Und du wirst zu deinen Vätern eingehen in Frieden, wirst begraben werden in gutem Alter. Und in der vierten Generation werden sie hierher zurückkehren; denn die Ungerechtigkeit der Amoriter ist bis hierher [noch] nicht voll. (1. Mose 15,13-16)*

Unter den Schafen Versteckt

Gott hat sich schon immer mehr für uns interessiert, als wir uns für ihn. Als er zu Mose aus dem brennenden Busch heraus sprach (2. Mose 3,4), zeigte Mose kein Interesse daran, Gott zu finden. Tatsächlich hatte er sich die letzten vierzig Jahre in Midian als anonymer Hirte versteckt.

Wie immer kam Gott und suchte Mose – so wie er es auch bei dir und bei mir tat, als unsere Adresse immer noch in der Müllstraße war. Sein einziger Grund dafür war die Erhebung. Nicht nur für Mose, sondern für die ganze Nation.

> *Und nun siehe, das Schreien der Kinder Israel ist vor mich gekommen; und ich habe auch den Druck gesehen, womit die Ägypter sie drücken. Und nun geh hin, denn ich*

will dich zum Pharao senden, damit du mein Volk, die Kinder Israel, aus Ägypten herausführst. (2. Mose 3,9-10)

Gottes Ziel war Israel in eine Position beständigen Erhobenseins zu bringen. Genauso wie er dich beständig von einer Dimension in die nächste befördern will. Wenn du lernst, in jeder Dimension Autorität zu ergreifen, kannst du deine beständige Erhebung sichern.

Die Lügen des Pharao

Jede Dimension hat ihren eigenen Pharao, dessen Auftrag es ist, dich davon abzuhalten, Autorität über deine aktuelle Dimension zu ergreifen. Pharaos Stimme sagt zu dir Dinge wie:

- Denke nicht einmal daran, in so einer schwierigen Wirtschaftslage eine bessere Arbeit zu bekommen.
- Deine Ehe ist verflucht. Alles, auf was du hoffen kannst ist, ein elendes Leben oder die Scheidung.
- Finde dich damit ab, dass du für den Rest deines Lebens krank sein wirst. Gott wird dich niemals heilen.

Diese und andere Lügen sind Werkzeuge, die dich in einer Sklavenmentalität gefangen halten wollen. Wenn du in eine neue Dimension durchbrichst, dir es jedoch nicht gelingt darin Autorität zu ergreifen, dann hast du einfach nur den einen Pharao für einen anderen ausgetauscht.

In jeder Dimension Autorität zu ergreifen ist von entscheidender Bedeutung. Ohne sie wirst du immer in einer Form der Gebundenheit bleiben und deine ultimative Erhebung niemals erfahren.

Pharao trifft auf einen Ebenbürtigen

Die Kinder Israels waren Pharaos Sklaven. Seine Aufgabe war es, sie für immer in seinem Königreich als Untertanen zu behalten. Tatsächlich hing sogar das gesamte ägyptische Wirtschaftssystem von Gottes auserwähltem Volk ab, da ihre Sklavenarbeit ihnen zur Verfügung stand. L'envers, cher!

Selbst heute hängen die Systeme der gefallenen Welt von den versklavten Kindern Gottes ab, die ja im Grunde die wahren Erben sind. Wenn der Feind Gottes Kinder überzeugen kann, brav ihre Ketten zu tragen, ihre Köpfe hängen zu lassen und Ziegel für die Weltsysteme zu produzieren, bleibt alles unverändert.

Der ägyptische Pharao traf auf ein ernst zu nehmendes Gegenüber, als jeder Israelit das Blut des geopferten Lammes an den Torpfosten seines Zuhauses anbrachte. Und genau so wird Pharao besiegt!

Das Blut Jesu wurde Pharaos Kryptonit. Er wird ihm nie zu nahe kommen, weil es das ist, was ihn schwach und uneffektiv macht.

Auf jeder Erhebung wird ein größeres Maß des Blutes erforderlich sein. Jedes Mal wenn du auf ein neues Level geistlicher Autorität durchbrichst, bete für einen neuen Schutz des Blutes des Lammes ... und schau dabei zu, wie der Pharao in Deckung geht.

Willkommen in der Wüste

Nachdem Pharaos Armee im Roten Meer ertrunken und das siegreiche Jubeln und Tanzen verflogen ist, sieh dich um. Jetzt hast du keine Ahnung mehr, wo du bist oder wohin du gehen sollst. Willkommen in der Wüste!

In diesem unerforschten Gebiet wirst du sicher schnell feststellen, wie dringend du Gott brauchst. Die Wüste wird neu definieren, wer du bist und wie deine Beziehung mit Gott tatsächlich aussieht.

Jede Ebene der Reise erfordert eine neue Offenbarung. Das Bild, wie du dich selber betrachtest, muss sich verändern: der vormals ausgebremste Sklave, der unter der Peitsche seines Meisters kauerte, muss lernen sich als Erbe Gottes zu sehen, der mit Christus an himmlischen Orten sitzt.

Das stimmt ... du musst dich selbst so „sehen". Was für eine Person schaut dich an, wenn du in deinen Spiegel blickst? Benutze den Supercomputer, den Gott in dein Gehirn eingebaut hat, um dich selbst so wahrzunehmen, wie er es vorgesehen hat. Und dann erlaube deinem Mund, diese Worte zu sprechen:

„Ich bin ein Kind des allerhöchsten Gottes, dem vergeben wurde und das mit Christus erhoben wurde. Ich bin geheilt und gesund. Ich habe eine gute Ehe. Meine Kinder lieben Gott und dienen ihm. Ich habe kreative Fähigkeiten und überfließende Ressourcen, um meine Bestimmung zu erfüllen. Ich habe Autorität über meine Zeiten. Gott hat mir Autorität über dämonische Geister gegeben und mich genau in diese Umgebung gesetzt, um hier ein Agent für Veränderung zu sein."

Mehr als ein Befreier

Damit die Israeliten im verheißenen Land überleben konnten, mussten sie Gott als mehr als nur einen Befreier ansehen. Die vielen Jahre in der Wüste lehrten sie, Gott zu vertrauen.

Dein Schrei mag eine Freisetzung von der Bedrückung Pharaos sein, von Drogenabhängigkeit, Wiederherstellung einer Ehe – oder sogar Errettung. Aber Gott möchte, dass er für dich mehr ist als nur ein Befreier, er möchte dein Herr und Meister sein.

Sich durch die Wüste durchzuarbeiten, erfordert eine stärkere, kraftvollere Salbung. Jedes Mal, wenn ein Prophet oder Priester David salbte, kam eine höhere Dimension von Autorität ins Spiel. Seine erste Salbung war als Jugendlicher, seine zweite als Leiter von Männern, die in Höhlen versteckt waren. Seine dritte Salbung war, über einen einzigen Stamm zu regieren und schließlich über ein ganzes Imperium zu herrschen. Auf jeder neuen Ebene wurde ihm ein neues Verständnis über sich selbst und auch über Gott gegeben.

Die Salbung ist ein Nebenprodukt des Glaubens und der Glaube ist ein Nebenprodukt von Gottes Wort. Die erste Anforderung an Autorität über höhere Dimensionen involviert immer, dass wir in Gottes Wort eintauchen.

Über den Jordan

Bevor Gott Mose über den Jordan sandte, um die Israeliten aus Ägypten zu befreien, stellte er sich selbst als brennenden Busch vor:

> *Und er sprach: Ich bin der Gott deines Vaters, der Gott Abrahams, der Gott Isaaks und der Gott Jakobs. Da verbarg Mose sein Angesicht, denn er fürchtete sich, Gott anzuschauen. (2. Mose 3,6)*

Das war keine gewöhnliche Vorstellung. Gott erinnerte Mose daran, dass seine Bundesverheißung an Abraham noch immer Bestand hatte. Die Zeit der Erhebung Israels war endlich gekommen.

> *Und auch habe ich meinen Bund mit ihnen errichtet, ihnen das Land Kanaan zu geben, das Land ihrer Fremdlingschaft, in dem sie als Fremde geweilt haben. Und auch habe ich das Wehklagen der Kinder Israel gehört, die*

die Ägypter zum Dienst zwingen, und habe meines Bundes gedacht. (2. Mose 6,4-5)

So revolutionär Abrahams Durchbrüche auch waren, Gott war kurz davor, Israel auf ein Level zu erheben, das der Patriarch nie erreicht hatte. Da er stets ein wandernder Nomade war, hatte Abraham im Land Kanaan nie Land besessen. Jetzt übertrug Gott seinen Nachkommen das Land als ihr Erbteil.

Erhebung ist Gottes ultimativer Wille für dein Leben, aber sie ist nie für eine einzige Generation. Eltern sollten ihren Durchbruch ihren Kindern mitgeben und diese Kinder sollten ihn dann wiederum ihren Kindern weitergeben und so weiter. Erhebung kann die Dinge für dich und deine Nachkommen verändern.

Als Vorbereitung für die Überquerung des Jordan, musste Israel seinem Gott in der Wüste vertrauen. Aber um Bewohner des verheißenen Landes zu werden, war noch mehr erforderlich: Sie mussten Gottes Herrlichkeit erleben.

Kanaan war kein leeres, unbewohntes Land, das auf die Ankunft neuer Siedler wartete. Es war die Heimat von einem halben Dutzend von Nationen: *„... das Land der Kanaaniter und der Hetiter und der Amoriter und der Perisiter und der Hewiter und der Jebusiter ..."* (2. Mose 3,17). In ihrer neuen Heimat musste Israel einunddreißig Könige besiegen (Josua 12,1-24).

Die Israeliten waren nie die breitesten, stärksten oder intelligentesten Leute. Sie waren einfach eine Nation unter Jahwes Autorität, total abhängig von seiner Herrlichkeit.

In jeder Dimension wird Gottes Herrlichkeit dafür verantwortlich sein, dass Türen geöffnet werden und Mauern einstürzen. Seine Herrlichkeit strahlt am hellsten, wenn wir ihm Lobpreis und Anbetung bringen. Um dich auf deiner neuen Ebene anzusiedeln, ist das Weiseste, das du tun kannst, dich in seiner Herrlichkeit zu wärmen!

Was bleibt

Nachdem einunddreißig kanaanitische Könige besiegt waren, war die nächste Aufgabe Josuas, das Land unter dem Volk aufzuteilen. Bis auf den Priesterstamm Levi erhielt jeder Stamm einen Anteil des verheißenen Landes.

Nur dem Stamm Levi gab er kein Erbteil; die Feueropfer des Herrn, des Gottes Israels, sind sein Erbteil, so wie er zu ihm geredet hat. (Josua 13,14)

Gottes Plan war, den Priestern ein besonderes Erbe zu geben: eine persönliche Beziehung mit dem Gott der Herrlichkeit. Obwohl König David nicht dem Stamm Levi angehörte, bekam er durch seine üblichen Lobpreisbegegnungen direkten Zugang zu Schätzen, die Geld oder Besitztümer bei Weitem überschreiten.

Der Herr ist das Teil meines Erbes und meines Bechers; du erhältst mein Los. Die Messschnüre sind mir gefallen in lieblichen Örtern; ja, ein schönes Erbteil ist mir geworden. (Psalm 16,5-6)

Eine persönliche Beziehung mit Gott wurde das Erbe Davids, das er am meisten schätzte.

So genial es auch sein mag, ein Stück des verheißenen Landes selbst zu besitzen, doch Gott wollte, dass sein Volk eine Dimension erlebte, die dem fruchtbaren Boden bei Weitem überlegen war. Er selbst wollte ihr Schatz von unmessbarem Wert sein, den sie in einer persönlichen Beziehung mit ihrem Gott schätzen sollten.

Als Nation hatte Israel nie ihr ultimatives Level erreicht; auch wenn die Verheißung immer noch zur Verfügung steht. In den höchsten Dimensionen von Sabbatruhe (Hebräer 4,9) können wir mit Christus an himmlischen Orten sitzen. Schließlich besetzt eine Person, die sich gesetzt hat, eine wirklich entspannte Position.

Jeder Bereich hat seine eigenen Etappen zur Erhebung

- Im akademischen Bereich: vom Schulabschluss .... bis .... zum Doktorat
- Im athletischen Bereich: von den Bambinis ... bis ... zur Olympiade
- Im finanziellen Bereich: vom Bankangestellten ... bis ... zum Warren Buffet
- In der Technik: von den Wright-Brüdern ... bis ... zum Weltraumprogramm der NASA
- In der Medizin: von Jonas Salk ... bis ... zu moderner Genetik
- In der Unterhaltung: vom Ortstheater ... bis ... zu den Academy Awards

Wenn du die Schlüssel einfügst, die dich von einer Dimension des Königreichs in eine andere befördern (Matthäus 16,19), dann wirst du „viele Wohnungen" entdecken. Und manche dieser Aufenthaltsorte mögen dir wie das verheißene Land vorkommen ... zumindest eine Zeit lang.

Aufgrund von Gottes Hingabe für Erhebung, wird eine Zeit kommen, in der du dich umschauen und sagen wirst: „Weißt du was, irgendwie ist es hier nicht mehr so interessant, wie es einmal war. Es fängt hier an, etwas monoton zu werden."

Gottes Art und Weise, dich auf das nächste Level zu schicken, ist es, dich mit dem Status quo unzufrieden zu stimmen. Die Gewissheit darüber, dass da noch mehr eintrifft, sorgt dafür, dass unser Herz von der Vorfreude darauf schneller schlägt. Im Königreich Gottes musst du niemals da feststecken bleiben, wo du momentan bist. Jede Ebene beinhaltet unentdeckte Schätze und eine Vorfreude auf die Erfüllung.

Wenn dein Leben erhöht wird, dann wird auch das Königreich erhöht. Wie ein Künstler, der Lob für sein gutes Werk empfängt, so wird auch der Vater verherrlicht, wenn du Hervorragendes hervorbringst:

Denn wir sind sein Werk, geschaffen in Christus Jesus zu guten Werken, die Gott zuvor bereitet hat, damit wir in ihnen wandeln sollen. (Epheser 2,10)

Es erfordert noch mehr

Den „Balkon des Everest" zu überqueren erfordert mehr Fähigkeiten und Hingabe, als aus dem Zelt des EBCs herauszutreten. Da höhere Erhebungen zunehmende Gefahr durch Krankheit und Lawinen involvieren, müssen die Bergsteiger vorsichtiger sein, um es zum nächsten Level zu schaffen.

Einfach nur davon auszugehen, dass du dich auf einem höheren Level bewegst, als du es tatsächlich tust, könnte eine kurzlebige Beförderung verursachen. Dann wirst du schon bald den Berg hinunter zurück ins Basiscamp rutschen.

Um Autorität über höhere Dimensionen einzunehmen, brauchen wir das Blut Jesu, seine Salbung und Herrlichkeit. Jede Ebene fordert stets mehr als das vorhergehende. Um mehr von seinem kostbaren Blut zu erfahren, brauchen wir mehr Hingabe. Mehr Salbung bedeutet eine tiefere Hingabe an Gottes Wort und mehr Herrlichkeit erfordert eine intimere Anbetung.

Bist du bereit für noch **mehr**?

17 – Autorität mit Gott über die Natur

„Sprich nur ein Wort"

Er tat Wunder vor ihren Vätern, im Land Ägypten, auf dem Feld Zoans. Er spaltete das Meer und ließ sie hindurchgehen und ließ die Wasser stehen wie einen Damm.
(Psalm 78,12)

Gott erschuf die Welt durch sein gesprochenes Wort. Diese Wahrheit ist für deinen Glauben fundamental wichtig geworden. Doch die Wissenschaft hinter dieser Aussage zu verstehen wird die Art und Weise, wie du diese Wahrheit anwendest, revolutionieren. Ja, richtig ... ich sagte „Wissenschaft".

Schwingungen sind uns aus der Wissenschaft bekannt. Die Schwingungen eines Beckens klingen anders als die Schwingungen deiner Stimme, aber beide schaffen Klänge, indem sie die durchfliesende Luft wegdrücken.

Die Geschwindigkeit der Vibration ist die Klangfrequenz. Niedrigere Frequenzen werden mit tieferen Frequenzen assoziiert, die das Gehirn in tiefere Klänge übersetzt und ebenso umgekehrt.

Die Wissenschaft der Kymatik ist die Erforschung der sichtbaren Klänge und Vibrationen.[13] Indem sie über die unsichtbaren Effekte der Luftvibrationen hinwegschaut, fokussiert sie sich auf die greifbaren Effekte, die der Klang in Bezug auf die Materie hat. Die Kymatik „stellt das vibrierende Wesen der Materie und das transformierende Wesen der Natur auf den Klang dar".[14]

Wissenschaftler haben Resonanzexperimente[15] ausgearbeitet, worin Klangwellen verschiedener Frequenzen frei bewegliche Materien (z. B. Salz, Sand, Wasser, Reis) in geometrische Muster verwandeln. Interessant ist, je höher die Frequenz, desto komplexer wird die Form. Solange die Frequenz unverändert ist, bleibt dasselbe Muster und verändert sich nicht.

Diese Muster „spiegeln die Symmetrien wider, die in der gesamten natürlichen Welt immer wieder entdeckt werden, von den versteckten Formen in den Schneeflocken bis zu den massiven, hexagonalen Wolkenformationen des Saturn".[16]

Summe ein paar Bar ...

All diese Experimente sind beeindruckend. Aber was mich noch mehr beeindruckte, war ein Mann, der sehr laut summte, als er sich über eine mit Sand bedeckte Trommel lehnte. Beim Klang seiner Stimme begann der Sand, sich zu geometrischen Linien zu formieren, die lediglich von einer Frequenz und einem Ton aus seinem Mund und seinen Stimmbändern produziert wurden.[17] Die

---

[13] http://en.wikipedia.org/wiki/Cymatics

[14] http://www.cymaticsource.com/

[15] „Amazing Resonance Experiment" http://youtu.be/wvJAgrUBF4w

[16] http://www.cymatics.org

[17] http://search.yahoo.com/search?fr=mcsaoffblock&type=A001US0&p=resonance_experiment_man's_voice_and_drum

Sandmuster und -formen bewegten sich als Reaktion auf die geringste Veränderung seiner Lautstärke oder seines Tons.

Während ich die Kraft zur Transformation von ungeformter Substanz in komplexe geometrische Muster beobachtete, begann ich zu verstehen, wie Gott die Welt geschaffen hatte. Als er sich aus dem Nichts nach vorne lehnte und sprach, brachte die Vibration seiner Stimme Substanz dazu, zu entstehen und die vielen geometrischen Muster zu formen, aus denen das Universum besteht.

Um noch vertrautere Begriffe zu verwenden: *„Und Gott sprach: Es werde Licht! Und es wurde Licht"* (1. Mose 3,1) oder um es in kymatischen Begriffen umzuformulieren: „Dann sorgten die Vibrationen der Stimme Gottes dafür, dass sich die Substanz zu Licht ausrichtet."

1942 sagte Nikola Tesla, ein großartiger Wissenschaftler und Ingenieur des frühen 20. Jahrhunderts: „Wenn du die Geheimnisse des Universums herausfinden willst, denke in Begriffen wie Energie, Frequenzen und Vibrationen." Ich frage mich, ob er erfasst hatte, wie nahe er dran war zu verstehen, wie Gott das Universum geschaffen hatte!

... und hält sie dann fest

Jedes Mal wenn sich die Frequenz von Gottes Stimme veränderte, formte sich etwas Einzigartiges. Und jede einzigartige Form blieb, weil Gottes Wort erhalten blieb.

In Ewigkeit, Herr, steht dein Wort fest in den Himmeln. Von Geschlecht zu Geschlecht währt deine Treue; du hast die Erde festgestellt, und sie steht. (Psalm 119,89-90)

Die Resonanzexperimente, die ich beobachtete (und ich möchte dich ermutigen, sie dir auch anzuschauen), demonstrieren, wie Klangwellen Substanz in Muster formen kann und dann dieses

Muster so lange in einer gleich bleibenden Form erhalten kann, wie der Klang unverändert bleibt.

Solange Gottes gesprochenes Wort unverändert im Kosmos verweilt, besteht auch das Resultat seines Wortes.

> *Er ist der einzige Ausdruck von der Herrlichkeit Gottes (das Lichtwesen, das Ausstrahlende des Göttlichen) und er ist der perfekte Ausdruck von Gottes Natur, der das Universum durch sein mächtiges Wort und seine mächtige Kraft aufrecht und instand erhält, leitet und voranbringt.*
> *(Hebräer 3,1 Übersetzung der Amplified - Bibel)*

Im physischen Bereich nennen wir diese unveränderlichen Lebensmuster Naturgesetze. Klassischerweise trösten wir uns damit, dass diese Gesetze gleichbleibend sind. Wenn du allerdings einen Berg hinunterfällst, ist Newtons Gesetz der Schwerkraft kaum tröstlich. Dieselbe Wahrheit gilt auch für die Gesetze der Natur.

- Mendels genetisches Gesetz kann vorhersagen, ob dein Kind mit einem angeborenen Herzfehler zur Welt kommen wird.
- Newtons Trägheitsgesetz sagt, dass ein schnell auf dich zufahrendes Auto nicht anhalten kann, bis es in dein Auto fährt.

In solchen Situationen ist es beruhigend zu wissen, dass Gott mit einem Wort die sogenannten „unnachgiebigen" Naturgesetze außer Kraft setzen kann. Und auch, dass er in vielen Situationen seinem Volk ebenso Autorität dafür gegeben hat.

Um die gottgegebene Autorität über der Natur auszuüben, musst du zuerst verstehen, wer du in Christus bist, wie du dich geistlicher Autorität unterordnest und wie du zu einem treuen Verwalter wirst.

Um deinen Glauben aufzubauen

Die Natur wurde folgendermaßen definiert: eine Materie oder eine körperliche Welt, welche die Menschheit und alle ihre fundamentalen Qualitäten umgibt.

Durch die Bibel hindurch hat Gott seine eigene Autorität über die Natur ausgeübt. Vielleicht haben seine Befehle so geklungen: „Halte jetzt mal kurz an. Ich weiß, dass ich dich so geschaffen habe, dass du auf eine bestimmte Weise funktionierst, aber in diesem besonderen Umstand spreche ich jetzt einen anderen Befehl, dem du gehorchen sollst."

Was geschieht, wenn die Natur auf Gottes Befehl reagiert:

- Das Rote Meer teilte sich (2. Mose 14,21)
- Wasser strömte aus einem Wüstenfelsen (2. Mose 17,6) und dann folgte derselbe Felsen dem Volk Israel durch die gesamte Wüste (1. Korinther 10,4)
- Die Sonne und der Mond blieben stehen bis Israel den Kampf gewonnen hatte (Josua 10,13)
- Drei Jahre lang fiel kein Regen mehr (1. Könige 17,1)
- Drei Jahre lang multiplizierten sich Öl und Mehl um drei Personen zu ernähren (1. Könige 17,16)
- Feuer vom Himmel verbrannte ein mit Wasser übergossenes Opfer (1. Könige 18,38)
- Eine eiserne Axt schwamm auf der Wasseroberfläche des Jordans (2. Könige 6,6)
- Das Ölgefäß einer Witwe füllte viele andere Gefäße (2. Könige 4,1-7)
- Als Petrus Jesus auf dem Wasser laufen sah, wurde er dazu eingeladen dasselbe zu tun (Matthäus 14,25-29)
- Auf Jesu Befehl hin wurde ein gewaltiger Sturm beendet (Matthäus 8,23-27)

- Jesus weckte drei Personen von den Toten auf (Lukas 7,13-14; Markus 9,25; Johannes 11,43-44)
- Sowohl Petrus als auch Paulus weckten Menschen von den Toten auf (Apostelgeschichte 9,36-42; Apostelgeschichte 20,9-12)
- Jesus ernährte Tausende mit ein paar Brotkrümeln (Matthäus 14,13-21; Markus 8,1-9)
- Nachdem er einen äthiopischen Eunuchen getauft hatte, wurde Philippus übernatürlich in eine andere Stadt versetzt (Apostelgeschichte 8,39-40)

Drei weitere Manifestationen von Gottes Autorität über die Natur könnten hier miteingeschlossen werden, Dinge, von denen ich gehört habe oder sie auch selbst gesehen habe:

- Drei Krankenschwestern bezeugten den Tod einer Frau. Als sie mit dem Bestattungsunternehmen darüber sprachen, dass ihr Körper abgeholt werden sollte, kam sie als Resultat auf das eifrige Gebet einer Gruppe von Gläubigen wieder zum Leben zurück. Vorher war sie die einzige errettete Person in ihrer Familie gewesen, danach kamen viele zu Christus.
- Als Antwort auf Gebet formten sich plötzlich die inneren Teile des Ohres eines Mannes. Man nennt das ein Schöpfungswunder.
- Während des Krieges in El Salvador begannen Rebellen einen Gottesdienst zu unterbrechen, indem sie mit Waffen auf die Gläubigen feuerten. Die Kugeln durchdrangen ihre Körper übernatürlich, hinterließen Einschusslöcher in ihrer Kleidung und an ihren Wänden, doch keiner wurde verwundet!
- Ich kenne einen Piloten bei der Armee, dessen Helikopter durch feindliches Feuer abstürzte. Jede Person an Bord wurde ermordet und anschließend ausgeplündert – außer dem Piloten. Während die Soldaten über den ganzen

Bereich liefen, in dem er lag, betete er leise und sie ignorierten ihn, als ob er unsichtbar wäre!

Diese Wunder sollten deinen Glauben aufbauen. Während wir total von Gottes Autorität über die Natur überzeugt sind, denke daran, dass du – sein Kind – dieselbe Autorität hast!

Die Form von Dingen

Durch sein gesprochenes Wort schuf Gott jedes einzelne Teil des Universums und bis zum heutigen Tag bleiben sie an dem selben Platz (Psalm 33,6). Genauso ist es auch wenn er ein Wort ausspricht, das von unserer „normalen" Vorstellung abweicht. Seine Autorität die vorhersehbaren Entwicklungen der Geschehnisse verändern kann. Ich denke, man kann sagen, dass sich die Form der Dinge verändert, wenn er spricht.

Weil du dieselbe DNA wie dein Schöpfer hast, haben auch deine Worte schöpferische Kraft. Auch wenn du jetzt nicht ein weiteres Universum schaffst, **kannst** du die Welt schaffen, in der du lebst. Unter Gottes Autorität kannst du nicht nur deine Welt in Existenz sprechen, sondern manchmal auch die Form der Natur ändern.

Vielleicht wird es nie notwendig, dass du einen Tornado anhältst oder auf Wasser läufst, aber die Zeit mag kommen, wenn du diese Autorität brauchen wirst, um genetische Unordnung bei dir selbst oder bei jemanden, den du liebst zu verändern. Oder um einen unkontrollierbaren Wagen anzuhalten, der auf dich zurast. Oder es kann etwas so Einfaches sein wie zum Beispiel ein intakter Kühlschrank, der weit über die Garantiezeit hinaus funktioniert, bis du genug Geld hast, dir einen neuen zu kaufen.

Unveränderbares Verändern

Die Unermesslichkeit des Gottes, dem du dienst, übersteigt das Verständnis des menschlichen Hirns. Er sprach **alles** in Existenz, jedes subatomare Teilchen, die DNS-Stränge, kleine Sandkörner, individuelle Schneeflocken, Grashalme, Bäume, Berge, Meere, Tiere, Menschen, Planeten oder Galaxien – alles was je existiert hat oder existieren wird. Jedes einzigartige Wort aus Gottes Mund wurde individuell geschaffen und erhält jeden Einzelnen.

Denn meine Gedanken sind nicht eure Gedanken, und eure Wege sind nicht meine Wege, spricht der Herr. Denn wie der Himmel höher ist als die Erde, so sind meine Wege höher als eure Wege und meine Gedanken als eure Gedanken. Denn wie der Regen und der Schnee vom Himmel herabfällt und nicht dahin zurückkehrt, wenn er nicht die Erde getränkt und befruchtet und sie hat sprossen lassen und dem Sämann Samen gegeben hat und Brot dem Essenden, ***so wird mein Wort sein, das aus meinem Mund hervorgeht: Es wird nicht leer zu mir zurückkehren, sondern es wird ausrichten, was mir gefällt, und durchführen, wozu ich es gesandt habe.*** *(Jesaja 55,8-11)*

Er wacht eifrig über der Schöpfung, er weiß, wenn ein Spatz auf die Erde fällt und er kennt die Anzahl der Haare auf deinem Kopf (Lukas 12,6-7). Weil seine Stimme alle Dinge geformt hat, bevor du geboren warst (Psalm 139,13-14), ist er auf das Intimste mit all deinen körperlichen, mentalen und emotionalen Charakteristiken vertraut.

Nur ein einziges Wort von solch einem immensen Gott reicht aus, um die Gesetze der Natur und deine Bestimmung zu formen. Wenn er spricht, verändert er das Unveränderbare.

18 – Autorität, deine Welt mit Gottes Plan auszurichten

„Summe zu deiner Trommel"

Worte töten, Worte schenken Leben, entweder sie sind Gift oder Frucht – das entscheidest du.
(Sprüche 18,21 Übersetzung der Message-Bibel)

Wir leben in einer Zeit, in der die globale Kommunikation im Bruchteil einer Sekunde geschehen kann. Du kannst deinen Fernseher anschalten und sehen, wie auf der anderen Seite des Planeten ein Vulkan ausbricht. Du kannst dein Telefon abheben und in wenigen Sekunden mit Geschwistern auf einem anderen Kontinent sprechen. Drückst du „senden" auf deinem Computer, erscheint das Bild von deinem Enkel plötzlich in einer anderen Zeitzone.

Noch beeindruckender als die weltweite Kommunikation, die im Bruchteil einer Sekunde stattfinden kann, ist die Fähigkeit, sofort durch unterschiedliche Dimensionen hindurch kommunizieren zu können.

Gott wohnt in der Ewigkeit (Jesaja 57,15) in einer geistlichen Dimension außerhalb von Zeit und Raum. Er kann weder gesehen noch berührt werden, doch in der Sekunde, in der du deinen Mund öffnest, hört er.

Und dies ist die Zuversicht, die wir zu ihm haben, dass, wenn wir etwas nach seinem Willen bitten, er uns hört.
(1. Johannes 5,14)

Interaktion zwischen der physischen und geistlichen Dimension geschieht durch den Klang der Stimme. Weil das so ist, hätte Gott jede andere Methode, die ihm gefallen hätte, einsetzen können, um mit dem materiellen Bereich in Kontakt zu treten. Aber uns zuliebe entschloss er sich, diese dimensionsübergreifende Beziehung in gesprochenen Worten zu führen.

Das Wort sagt, dass wir in Gottes Angesicht geschaffen wurden und dann beschreibt es ihn als Geist ohne Körper aus Fleisch und Knochen. Das Hauptmerkmal, das wir mit ihm gemeinsam haben, sind gesprochene Worte.

Gott hat Worte dazu bestimmt, kraftvoll zu sein. Den Klang hat er dazu bestimmt, kreative Wirkung zu haben. Darum hat er uns in sein Abbild geschaffen, mit der Fähigkeit zu sprechen und mit der Autorität, mit unseren eigenen Worten etwas zu schaffen.

Menschliche Worte

Als Jesus den römischen Hauptmann traf (Matthäus 8,5-13), staunte er über den Glauben dieses Mannes, der mit der Autorität von gesprochenen Worten vertraut war. Da ihm die Diktatur vertraut war, verstand er schnell, was die jüdischen religiösen Leiter nicht gesehen hatten: Die Worte einer Person in Autorität können zu kreativer, lebensverändernder Kraft werden.

Um die Menschheit zu erlösen, musste Jesus, als er auf die Erde kam, seine göttliche Natur loslassen. Seine Taten und Befehle mussten die eines Mannes sein, der unter Autorität unterstellt war.

Als Konsequenz daraus hatten jedes Mal, wenn sich Luft durch die Lungen und Stimmbänder bewegten und die Zunge und Lippen ein Wort bildeten, diese Worte die Autorität einen Sturm zu beruhigen, die Kranken zu heilen und die Toten aufzuwecken.

So wie Jesus die schöpferischen Worte in die Wohnung des Hauptmanns sandte, kannst du Worte in deine Welt senden, die Form und Muster deiner Bestimmung formen.

Wer hört zu?

Genauso wie die geistliche Welt auf die menschliche Stimme reagiert, haben Experimente mit Kymatik die Auswirkungen von Klängen auf die natürliche Welt demonstriert. Aber vergiss nie, dass dein gesprochenes Wort eine Antwort vom Schöpfer hervorruft. Und du kannst dir sicher sein, dass er nicht der Einzige ist, der zuhört.

Unser Feind ist so böse, dass sein tiefster Wunsch ist, uns zu ruinieren. Er will alles tun, was in seiner Kraft liegt, um Gottes Plan für dein Leben zu stehlen, zu töten und zu zerstören. Aber die gute Botschaft ist, dass Gott uns nicht nur Autorität über diese zwölf Dimensionen gegeben hat, wir haben auch Autorität, um den Feind zu zerstören.

Als die zweiundsiebzig von Jesus ausgesandten Arbeiter mit ihrem Bericht zurückkamen (Lukas 10,1-6), waren sie vom Erfolg ihrer Mission begeistert.

Die Siebzig aber kehrten mit Freuden zurück und sprachen: Herr, auch die Dämonen sind uns untertan in deinem Namen. (Lukas 10,17)

Mit diesen beiden Dingen bewaffnet, dem kraftvollen Namen Jesu und den menschlichen Stimmen, trieben diese Anfängerevangelisten Dämonen aus und heilten die Kranken.

Obwohl sie nie auf einer Bibelschule waren, keine Bibelstellen auswendig gelernt hatten noch wie man bestimmte Gebete für Dämonisierte spricht, hatten sie einfach das getan, was sie Jesus immer wieder hatten tun sehen. Wenn sie von einem Dämon konfrontiert wurden, schauten sie ihm direkt in die Augen, öffneten ihren Mund und sagten: „Ich befehle dir zu gehen!"

Es klappte jedes Mal! Warum sollte es nicht auch bei dir klappen?

Sag etwas!

Oft denken Christen: Weil Jesus den Starken vor 2000 Jahren gebunden hat (Matthäus 12,29), warte ich mal ab, ob und wie sich meine Berufung manifestiert. Ihnen ist nicht klar, dass sie dafür selbst verantwortlich sind und aktiv werden müssen.

Es stimmt, dass die Kreuzigung und Auferstehung Jesu den Feind einwandfrei besiegte, aber er kämpft immer noch darum, unsere Leben zu kontrollieren. Wenn wir es nicht schaffen, Autorität darin auszuüben, indem wir ihm Befehle erteilen, dann bevollmächtigen wir ihn ungewollt dazu.

Wenn du deine Autorität nicht kennst, bevollmächtigst du damit automatisch deinen Feind. Auch wenn diese Bevollmächtigung auf einer Lüge beruht – wie auch alles andere, was er tut, sind die Ergebnisse dieselben. Du wirst lernen müssen, ein Leben auf einem Level tolerieren zu müssen, das Gott niemals für dich vorgesehen hatte.

Unterwerft euch nun Gott. Widersteht aber dem Teufel, und er wird von euch fliehen. (Jakobus 4,7)

Dieser zweiteilige Plan im Buch des Jakobus macht uns siegreich: uns Gottes Autorität zu unterstellen und dem Feind zu widerstehen. Er wird sich trotzig weigern zu gehen, bis du aufstehst und gebietest, dass er geht!

In Apostelgeschichte 16 folgte Paulus und Silas eine dämonisch besessene Wahrsagerin, als sie in Mazedonien dienten. Schließlich fanden sie ihre Worte sehr nervig:

> *Dies aber tat sie viele Tage. Paulus aber, tief betrübt, wandte sich um und sprach zu dem Geist: Ich gebiete dir im Namen Jesu Christi, von ihr auszufahren! Und er fuhr aus zu derselben Stunde. (Apostelgeschichte 16,18)*

Auch wenn der Dämon Paulus und Silas viele Tage lang belästigt hatte, geschah nichts, bis Paulus etwas sagte. Wenn du einmal die Aufmerksamkeit des Feindes hast, ist es an der Zeit, ihm ein oder zwei Sachen zu sagen:

- Ich sitze mit Christus an himmlischen Orten
- Ich bin der Kopf und nicht der Schwanz
- Ich bin bei meinem Eingang und bei meinem Ausgang gesegnet
- Ich habe eine Zukunft voller Hoffnung und Wohlergehen
- Ich habe Kraft und Vollmacht über dich!
- Geh raus aus meinem Leben!

Pass auf deinen Mund auf

Da gesprochene Worte deine Bestimmung schaffen, erwarte nicht, dass du erhoben wirst, bis du deinen Mund nicht unter Kontrolle hast.

> *Lass die Reden meines Mundes und das Sinnen meines Herzens wohlgefällig vor dir sein, Herr, mein Fels und mein Erlöser. (Psalm 19,15)*

Geistlich akzeptable Worte sind in Ausrichtung mit dem, was Gott über dich sagt und das Produkt eines hingegebenen Herzens.

Denn aus der Fülle des Herzens redet der Mund. Der gute Mensch bringt aus dem guten Schatz Gutes hervor, und der böse Mensch bringt aus dem bösen Schatz Böses hervor. (Matthäus 12,34-35)

Das Herz, das regelmäßig das Wort Gottes empfängt, kann nicht anders, als das zu sprechen, was darin versteckt ist.

In meinem Herzen habe ich dein Wort verwahrt, damit ich nicht gegen dich sündige. (Psalm 119,11)

Ein anderes Ziel

Erhebung ist ein lebenslanger Prozess, aber in deinem verheißenen Land anzukommen braucht es nicht unbedingt so lange. Worte können dazu benutzt werden die Länge deiner Reise zu bestimmen.

Weniger als ein Jahr nachdem sie Ägypten verlassen hatten, erreichten die Israeliten die Grenze des Landes, das Gott Abraham verhieß. Der Bundesschwur zwischen Gott und Abraham wurde die Basis ihrer Religion, Kultur und Geschichte. Doch als sie am Rande dieses Landes, das voll von Überfluss gesegnet war, standen, verbrachten sie den Rest der Tage damit, so zu reden, als sei etwas Tragisches geschehen. Sie verdammten sich selbst zu vierzig Jahren des Herumwanderns an einem der unfreundlichsten Orte der Erde – einfach nur durch ihre negativen Worte.

Denke es! Sage es! Lebe es!

Das Land Kanaan war Gottes Geschenk an sein Volk. Indem es einfach nur seine Anweisungen befolgte, konnten sie von

Quellen trinken, die sie nicht gegraben hatten, eine überreiche Ernte einfahren, wo sie nicht gepflanzt hatten und in einem Land, das sie nicht gekauft hatten, in Häusern leben, die sie nicht gebaut hatten. Was für ein unbeschreibliches Geschenk!

Zwölf Spione gingen auf eine Vierzig-Tage-Mission, um das Land auszuspionieren. Alle kamen mit begeisterten Berichten über Kanaan zurück, aber zehn von ihnen fügten ein negatives, pessimistisches Postskriptum an:

> *Und sie verbreiteten unter den Kindern Israel ein böses Gerücht über das Land, das sie ausgekundschaftet hatten, und sprachen: Das Land, das wir durchzogen haben, um es auszukundschaften, ist ein Land, das seine Bewohner frisst; und alles Volk, das wir darin gesehen haben, sind Leute von hohem Wuchs; auch haben wir dort die Riesen gesehen, die Kinder Enaks, von den Riesen; und wir waren in unseren Augen wie Heuschrecken, und so waren wir auch in ihren Augen. (4. Mose 13,32b-33)*

Die Wichtigkeit des Verses ist am deutlichsten, wenn man die Entwicklung darin beachtet: Sie **dachten** sie wären klein und unbedeutend, sie **sagten,** sie seien klein und unbedeutend und so **lebten** sie klein und unbedeutend.

Wie seltsam, dass die gesamte Erwachsenenbevölkerung sich entschied das zu glauben, was zehn verängstigte Spione berichteten, statt das, was der allmächtige Gott verheißen hatte.

Geh und spring ins Meer!

Etwas steht auf jeden Fall zwischen dir und deiner Erhebung. Beförderung kann nie als Ergebnis deiner eigenen Bemühungen kommen. Du musst Gott vertrauen, dass er dir helfen kann, die Reise vollständig abzuschließen.

Und Jesus antwortete und spricht zu ihnen: Habt Glauben an Gott. Wahrlich, ich sage euch: Wer irgend zu diesem Berg sagen wird: Werde aufgehoben und ins Meer geworfen! – und nicht zweifeln wird in seinem Herzen, sondern glaubt, dass geschieht, was er sagt –, dem wird es werden. (Markus 11,22-23)

Berge haben Formen: Ehestreit, Gesundheitsprobleme, finanzielle Sorgen, Abhängigkeiten usw. Wenn du nicht weißt, was du zu deinem Berg sprechen sollst, wird er weiter vor dir und in deinem Weg stehen.

Jede Silbe, die du zu deinem Berg sprichst, muss aus Gottes Wort kommen. Also fülle dein Herz und deine Gedanken mit seinem Wort und dann sage deinem Berg, dass er sich in den Ozean werfen soll.

Das letzte Wort

Wenn du betest, hört Gott und antwortet darauf, indem er sein Wort sendet. Was für Veränderungen solltest du also erwarten? Neue Umstände, Heilung, Wiederherstellung, Ausrichtung und Errettung!

Dann aber schrieen sie zum HERRN um Hilfe in ihrer Not: aus ihren Bedrängnissen rettete er sie. Er sandte sein Wort und heilte sie, er rettete sie aus ihren Gruben. (Psalm 107,19-20)

Das kraftvollste Wort, das du je aussprechen kannst, ist der Name Jesu. Gottes Wort war das erste und wird das letzte sein (Johannes 1,1-2). Bei der Proklamation seines Wortes muss sich jedes Knie beugen und jede Zunge die Souveränität Gottes anerkennen (Römer 14,11). Sein erhobener Name wird deine Feinde zerschmettern, deinen Körper heilen, dein Herz beruhigen, deine Zukunft sichern und deine Seele retten.

Lediglich an Jesu Tod und Auferstehung zu glauben wird dich nicht erretten. Es bedarf eines weiteren Schrittes.

Das Wort ist dir nahe, in deinem Mund und in deinem Herzen. Das ist das Wort des Glaubens, das wir predigen, dass, wenn du mit deinem Mund Jesus als Herrn bekennen und in deinem Herzen glauben wirst, dass Gott ihn aus den Toten auferweckt hat, du errettet werden wirst. Denn mit dem Herzen wird geglaubt zur Gerechtigkeit, und mit dem Mund wird bekannt zum Heil. (Römer 10,8b-10)

Errettung erfordert, dass du deinen Mund öffnest und ein seelenrettendes, erhebendes Wort in deine Welt sendest!

Auf der Spitze des Berges!

Worte, die aus dem Mund von Menschen in den Kosmos hineingesprochen wurden und der Autorität Gottes unterstellt sind, sind kraftvoller als die Urknall-Theorie.[18] Worte können schaffen, erhalten und verändern. Wie ein nuklearer Kriegskopf haben Worte des Lobpreises, die von untergeordneten Lippen kommen, eine Auswirkung auf geistliche Dimensionen. Das ist die Quintessenz geistlicher Autorität!

Jesus sprach mit seiner menschlichen Stimme den Kosmos ins Sein und deklarierte, dass sein wiederherstellendes Werk vollkommen war. *„Es ist vollbracht" (Johannes 19,20).* Wie die Stimme Christi, besitzt auch du Kraft, Autorität und Verantwortung, um sein Königreich heutzutage in Existenz zu sprechen. Nicht nur für dich selbst, sondern für eine Welt, die dringend Errettung benötigt.

---

[18] Die Urknalltheorie ist die wissenschaftliche Theorie über die Schaffung des Universums, die die größte Akzeptanz genießt.
http://en.wikipedia.org/wiki/Big_Bang

Die ganze Schöpfung wartet darauf, dass die Gemeinde ihren Mund öffnet und Worte der Wiederherstellung ausspricht, um Christi vollbrachtes Werk *„wie im Himmel so auf Erden"* zu etablieren (Matthäus 6,10). Deine ultimative Erhebung ist es, auf der Bergspitze zu stehen, den Namen dessen zu preisen, der dich hierhergebracht hat und die ganze Schöpfung aus der Finsternis in sein ewiges Licht zu rufen!